태국 선교사들의 수필
부르신 곳에서

태국 선교사들의 수필
부르신 곳에서

1판 1쇄 발행 2024년 12월 20일

엮은이 태국주재 한인선교사회
펴낸이 김재선
펴낸곳 예 솔
출판등록 제2002-000080호(2002.3.21.)
주소 서울특별시 서대문구 신촌로 155 해암빌딩 2층
전화 02)3142-1663(영업), 335-1662(편집)
팩스 031)912-1643
홈페이지 www.yesolpress.com
E-mail yesolpress@empas.com

ISBN 978-89-5916-071-6   03230
Copyright ⓒ 2024, Yesol publishing

책값은 뒤표지에 표시되어 있습니다.
잘못된 책은 구입하신 서점에서 바꾸어 드립니다.

태국 선교사들의 수필

부르신 곳에서

태국주재 한인선교사회

예솔

발간사

태국 선교동역자님들께
하나님의 크신 은혜와 축복이 함께하시기를

김농원
태국주재 한인선교사회 37회기 회장

    1953년 한국전쟁이 끝난 후 폐허가 된 상황 속에서 한국교회가 최초로 선교사 두 가정을 태국에 파송하게 됩니다.

    최찬영, 김순일 선교사 두 가정은 1956년 대한예수교장로회 제41회 총회에서 태국주재 한국선교사로 파송되어 태국복음화의 길을 열었습니다. 최찬영 선교사는 방콕에서 BIT신학교 교수로 활동하다가 태국기독교총회 소속 방콕 제2교회 담임목사로 사역을 했고 태국성서공회 총무로 사역하면서 성경보급사역에도 주력했습니다. 또한 김순일 선교사는 1년 정도 태국어를 배운 뒤 곧바로 태국 북부 치앙라이로 옮겨서 태국기독교총회 소속 제2노회에서 노회장을 맡아 1957년부터 1961년까지 밀림 지역에 있었던 9개의 나환자 교회들을 포함해 38개 교회를 돌보면서 전도사역에 전념을 했습니다.

그 이후에 1968년도에 조동진 박사에 의해 설립된 한국국제선교회(Korea International Mission)를 통해서 1971년 신홍식 선교사, 1976년 김정웅 선교사, 1978년 정승회 선교사, 1980년 윤수길 선교사 등이 태국선교사로 파송이 되어 사역하면서 다양한 선교사역의 길을 열게 되었습니다.

한국선교사의 사역은 교회개척, 신학교, 목회자, 제자 훈련원사역, 사회구제와 봉사, 학생 기숙사역, 문화사역, 문서사역, 의료사역, 어린이사역, 각 지역 교회 기도연합사역 등으로 확장되었습니다.

또한 1990년 이후부터 여러 선교단체와 여러 한국교단에서 파송을 받은 선교사들의 숫자가 증가하게 되었습니다.

2001년도 태국주재 한인선교사회 통계에 따르면 한인선교사 숫자는 총 99가정에 186명으로 37개의 선교단체 및 각 교단의 이름으로 파송을 받았습니다.

초창기 선교사들은 주로 방콕과 북부 치앙마이 도시를 중심으로 사역을 이루었지만 그 후에 태국주재 한인선교사회는 방콕을 중심으로 한 중부지회, 치앙마이를 중심으로 한 북부지회, 콘깬을 중심으로 한 동북부지회, 그리고 나콘시탓마랏을 중심으로 한 남부지회를 나누고 각 지회별로 임원단을 조직해서 사역을 확장시켜 나갔습니다.

2023년에 이르러서는 태국주재 한인선교사의 숫자가 늘어나 중부지회 355명, 북부지회 499명, 동북부지회 116명, 남부지역 51명, 총 가정 수가 537가정에 1021명의 선교사들이 태국 전역에 흩어져 사역을 감당하게 되었습니다.

　1956년부터 시작된 한인선교사의 태국사역이 2024년에 이르러 68년이라는 긴 시간 동안 태국교회에 큰 전환점이 되었다고 확신합니다. 파송단체가 다르고 교단이 다르지만 이 태국 땅을 복음화해서 잃어버린 하나님의 영혼들을 구원해야 한다는 동일한 전제 속에서 아름다운 화합을 이루어왔고 그 결과 한국선교사들이 거주하는 지역과 도시가 영적으로 변화되어 21세기의 영적 예루살렘 도시로 탈바꿈하는 변화들이 일어나고 있습니다.
　전도자와 목회자들이 세워져서 더 많은 교회가 지역사역에 세워졌고 또한 사회 각층에서 요구되는 필요들을 채워가는 사역들이 일어나고 있습니다. 이러한 가운데 태국주재한인선교사회 소속 선교사들의 사역현장 에피소드를 모아 한 권의 책으로 모아 발간하게 됨을 하나님께 감사드리고 이글을 읽는 태국 선교동역자님들께 하나님의 크신 은혜와 축복이 함께하시기를 바랍니다.
　하나님께서 한국교회에 주신 선교사명이 한국교회 파송을 받아서 태국에서 사역하는 태국주재 한인선교사회 소속 선교사들을 통해서 온전히 이루어질 것을 기대합니다.

2024. 11. 4

2024년 태국주재 한인선교사회 수필공모전 작품을 편집하며

선교는 아름답다

김영호
태국주재 한인선교사회 서기

　하나님이 당신이 창조한 세계를 보시며 보시기에 좋았다고 하셨습니다. 그 선한 것들을 인간이 바라볼 때 느끼는 감정이 바로 아름다움이 아닐까 생각합니다. 여행을 하다 보면 눈앞에 펼쳐진 대자연이 보여주는 아름다움에 매료되어 감탄하지 않을 수 없습니다. 그 끝이 어디인지 모르게 펼쳐져 있는 푸른 바다, 산사람이 신의 존재를 찾아 헤매는 고산지대에서 보는 맑고 깊은 호수, 온갖 꽃이 흐드러지게 피어있는 그 광활한 초원, 참으로 대자연이 보여주는 아름다움은 놀라울 뿐입니다.
　그런데 이보다 더 놀라운 아름다움을 느끼게 하는 것이 있다면 아마도 바로 신이 보시기에 심히 좋았다고 선포한 인간의 흔적들에 담긴 가치라고 말하고 싶습니다. '가치'란 그것을 부여한 사람에 따라 달라질 수 있지만 인간들에 의해 만들어졌던 미술, 건축, 음악과 문학 등에서 느껴지는 아름다움은 자연에서 느끼는 아름다움과는 다른 감동을 전해 줍니다.

얼마 전 우리나라에서 노벨문학상 수상자가 나왔다는 소식으로 크게 기뻐하는 모습이 있었습니다. 문학을 전공하고 국어교사로서 글을 가르쳐 왔던 터라 노벨문학상 수상 소식은 저에게 마치 오랫동안 준비하고 예쁜 포장지로 싸서 전해준 선물과도 같이 느껴졌습니다.

학생들에게 글쓰기를 가르치면서 글은 감동을 주기 위해 써야 한다고 가르치곤 하였습니다. 멋진 문장을 구사한다고 해서 글을 잘 쓰는 것이 아님은 분명합니다. 작가들은 읽는 사람이 글쓴이의 마음과 생각을 느끼고 이해하고 공감할 수 있게 써야 잘 쓰는 것이라고 말합니다. 이런 점에서 올해 한강이란 작가의 노벨문학상을 수상한 것은 세계의 문학가들에게 그녀의 글이 이해와 공감을 잘 전달하였기에 얻은 결과일 것입니다.

2024년 태국주재 한인선교사회가 주관한 선교사 수필공모전을 진행하면서 응모된 여러 글들을 읽으면서 참으로 많은 생각을 하였습니다. 누구나 알듯이 글이란 자기 내면을 표현하는 행위입니다. 좋은 글을 쓰려면 가치가 있는 그 무엇을 내면에 쌓아야 하고, 그것을 진솔하고 실감나게 표현할 수 있는 능력을 가지고 있어야 합니다. 그런데 표현할 때 내면이 거칠고 황폐하면 결코 좋은 글이 나오지 않을 것입니다. 내면에 있는 생각, 감정, 욕망을 제때 제대로 표현하지 못하면 그 삶이 답답하게 느껴집니다.

인간은 누구나 자신의 내면을 표현하고 싶어 하는 존재이기에 그 내면 속에 담겨있는 보석과 같은 가치들이 고스란히 담겨있는 삶의 흔적들을 마주할 때 진정한 아름다움을 보게 됩니다. 특히 부르신 곳에서 각자에게 주어진 사명을 부여잡고 살아가고 있는 선교사들의 내면을 진솔하게 표현하고 있는 수필 작품들에 담긴 가치는 그것을 읽는 모든 독자에게 아름다움이란 이런 것이라고 말하기에 충분합니다.

　선교사 수필집 『부르신 곳에서』에 담긴 수필작품들을 한 곳에 모아 읽고 편집하면서 그 글에 담겨 있는 글쓴이 선교사들의 생각, 감정, 소망과 믿음의 표현 그리고 가장 가치 있는 사랑의 삶의 모습이 자아내는 감동은 저의 마음에 아름다움의 행복을 그대로 느끼게 합니다. 이 글 속에 담긴 가치와 아름다움이 많은 독자들에게 예수 그리스도의 사랑과 그를 향한 믿음의 고백, 새로움을 향한 소망들이 감동으로 전해지길 소망합니다. 또 선교는 아름답다는 말이 온몸으로, 삶 전체로 쓴 선교사들의 글을 통해 독자들의 마음에 감동으로 자리 잡기를 바랍니다.

2024년 태국주재 한인선교사회 수필공모전 심사평

영적·지정의적 통찰이 깃든 글쓰기의 체계를 올바로 세우는 일

조하식
수필가·시조시인, Ph.D.

먼저 뭇 영혼 구원을 위해 낯선 땅에서 불철주야 사역하시는 선교사님 여러분과 동역하시는 가족분들에게 주님의 이름으로 감사의 인사를 드립니다. 아울러 바쁘신 중에도 공들여 쓰신 작품을 30편이나 응모해주신 데 대하여 기독문인의 한 사람으로서 고마운 마음을 전합니다.

뜻깊은 행사에 심사를 맡게 된 저는 적잖은 세월 일선에서 국어와 문학을 가르치며 수필집, 시(조)집, 기행집 등을 십수 권 펴냈고, 거주지의 지역신문에 '세상 사는 이야기'를 15년째 매주 연재하고 있기도 합니다. 관광대국인 태국은 2007년과 2012년에 다녀온 바 있습니다.

치열한 삶의 현장을 생생히 담아 애써 제출하신 작품의 심사 기준은 아래와 같습니다. 잘들 아시다시피 무형식의 미학을 지향하는 수필문학의 특성을 고려하면, 각 항목에 따라 평점을 매기고 순위까지 정하는 작업이 그리 쉽지는 않았습니다.

첫 번째로 눈여겨보는 부분은 주제의 명확성입니다. 전체 내용을 아우르는 제목을 설정한 다음 그에 걸맞은 서사의 흐름을 일관되게 효과적으로 전달하는 능력이 중요합니다. 시종 통일감 있게 써나가되 주제를 벗어난 뇌피셜은 곤란합니다.

두 번째는 문학성의 높낮이를 세심히 들여다볼 수밖에 없습니다. 제시한 상황에 대한 독특한 접근 방식이나 일상을 대하는 참신성이 높은 평가를 받기 마련입니다. 작품의 완성도는 물론 창의적 구성력도 심사위원들이 주목하는 요소입니다.

세 번째는 독자들에게 깊은 감동을 주어야 합니다. 가령 유의미한 내용인 건 알겠는데 막상 어휘나 문맥이 무미건조하게 느껴져 가슴에 밀려드는 감흥이 부족하면 그만치 울림의 여운은 줄어들게 됩니다. 음미할 만한 요소는 각자 찾아야 합니다.

네 번째는 행간에 담긴 교훈성 여부입니다. 이 항목에 대한 평가는 이번 대회의 목적상 비교적 중점을 둔 부분입니다. 대개는 실제 사실이거나 경험한 일 중에서 자기 자신을 되돌아보는 가운데 제삼자가 타산지석으로 삼을 만해야 합니다.

하지만 그 대전제는 글월 속의 주인공, 곧 '작중의 나'라는 등장인물이 추구하는 세계관·가치관·역사관·인생관 등을 글쓴이의 철학적 깊이가 묻어나도록 서술해야 한다는 점입니다. 심사하는 이들은 어느 경우에나 창작자의 실체적 자아가 머무는 지점들을 유의해서 살펴

보게 됩니다.

그렇다면 과연 위에서 적시한 평가항목에 부합하는 출품작이 있었을까요? 아쉽게도 다수는 기대치와는 달리 수필이라기보다는 수기나 보고서에 가까웠습니다. 보혜사 성령님께 뜻을 모아 간구할 대목입니다. 냉정하게 세부 점수를 부여하는 대신 글 속에 담긴 진정성에 초점을 맞춘 건 그래서입니다.

'사랑상'으로 선정한 강명선 님의 "우리들의 어머니"는 묵직한 표제(앞에 붙인 '20년 지기 이웃'은 군더더기 제목이므로 제거하기를 권면함) 아래 교훈성과 감동을 두루 갖춘 문학작품으로 손색이 없습니다. 다만 틈틈이 일기나 서간 등으로 꾸준히 기본기를 연마하시기 바랍니다. '믿음상'으로 선정한 정영란 님의 "행복한 사람"은 새삼 루틴의 중요성을 일깨운 수작입니다. 다만 백세 시대를 맞아 탄탄한 문장력으로 계속 잔잔한 감흥을 이어가시기 바랍니다. '소망상'으로 선정한 서혜미 님의 "사랑이 말하게 하라"는 교훈적 감동의 미진한 구석을 특유의 흡인력으로 이끈 저력이 돋보였습니다. 다만 인정할 만한 작품성에 비해 다소 밋밋한 틈새는 재밌게 읽히는 감칠맛으로 보완하시기 바랍니다. 세 작품 공히 다양한 미적 범주를 살짝 곁들였다면 더 좋았겠습니다.

그와 더불어 비록 수상작으로 뽑히지는 못했으나, 조용식 님의 '카오커 가는 길'은 퍽 산만하고 험난한 도정을 그런대로 박진감 있게 그려냈고, 이석종 님의 '프랑지파니'는 가족애와 함께 부부의 애틋한 사랑을 맛깔스럽게 드러냈으며, 권오혁 님의 '다리 잘린 여인의 아픔'은

뼈를 때리는 듯한 사실적인 묘사로 뭇사람의 심금을 울리기에 충분했습니다. 그밖에 나름 인상적인 장면과 거기에 어울리는 표현력을 선보인 분으로는 김원희 님, 오영철 님, 이정영 님, 전현진 님을 들 수 있거니와, 지면 관계상 일일이 거론하지 않은 나머지 작품들도 불상이 즐비한 특수선교지에서의 투철한 사명감과 전도자의 주제의식만큼은 상당 부분 밑바탕에 깔려있었다고 격려하고 싶습니다.

앞으로 꼭 이러한 기회가 아니더라도 평소 예수 그리스도의 복음이 녹아든 매끄러운 설교문을 다듬어 쓰기 위해서는, 영적·지정의적 통찰이 깃든 글쓰기의 체계를 올바로 세우는 일이야말로 마땅히 피나는 훈련을 통해 풀어내야 할 것입니다. 그 길목에서 필요하다면 저 또한 미력하나마 정성을 보태겠습니다. 이 모두를 주관하시는 창조주 하나님을 힘껏 찬양합니다. 할렐루야!

주후 2024년 9월 부락산자락에서

2024년 태국주재 한인선교사회 수필공모전

1등 사랑상 수상 소감문

강명선 선교사

　우리는 누구나 아버지의 뒷모습에서 눈물을 훔쳐 본 적이 있을 것입니다. 무뚝뚝함 속에 묻혀 있었던 다사로움과 절절한 사랑을 가끔은 아버지의 뒷모습이 말해 줍니다.
　'선교사'는 이 땅의 시간 속 길을 걸어가는 사람입니다.
　10년, 20년, 30년 세월이 갈수록 아픔과 실패와 보람의 열매들을 아무 의식 없이 삼켜 버리고 지나쳐 왔습니다. 그리하여 많은 이들은 지나온 시간 속 사연들을 모른 채 현재 선교 현장의 모습에 관심뿐이지만 정말 들려주고픈 선교의 뒷이야기에는 아버지의 뒷모습 같은 감동이 있습니다.
　때로는 화가 나고 처절하게 약해지고, 때로는 사랑스럽고 따스한 이야기들이 가슴으로 울음 울게 합니다. 이런 우리들의 뒷모습을 나눌 수 있는 기회를 주신 태국주재 한인선교사회에 감사드립니다.

각자의 선교현장 가운데 값지고 소중한 사연이 많은데 저의 이야기를 뽑아 주셔서 감사드립니다. 아주 평범한 일상에서 함께한 내 이웃의 이야기가 선교현장의 촉촉한 뒷모습일 뿐입니다.

즐거워하는 자들과 함께 즐거워하고 우는 자들과 함께 우는(롬 12:15) 삶으로 나의 뒷모습이 아름답도록 이 땅에 주님이 묶어 두시는 날까지 드려지길 소원합니다.

2024년 태국주재 한인선교사회 수필공모전

2등 믿음상 수상 소감문

정영란 선교사

'행복한 사람'의 글이 입상하게 되어 저의 일상에 또 하나의 행복이 더해졌습니다.

선교사 수필 공모전 계기로 지난 20년간의 선교지 삶을 반추해 보았습니다. 하나님께서는 무익한 종에게 거저 주시는 은혜로 매 순간 살아가게 하셨습니다. 어떠한 상황에서도 헤아릴 수 없는 감사를 부어 주시고 행복한 사람으로 만들어가셨습니다. 인도하신 걸음마다 값없이 큰 행복을 누렸음을 고백합니다.

'무임승차'라는 말을 태국어로 번역하면 '낀랭프안(친구의 힘을 의지한다)'입니다. 이용 대가를 지불하지 않고 승차하는 일을 태국인은 친구의 노력으로 자신의 이익을 챙기는 일로 표현합니다. 그리스도인은 역설적인 창과 방패의 해석을 합니다. 구원 열차에는 차표를 살 필요가 없습니다. 주님 주인 되시는 열차에 무임으로 승차하는 것은 당연한 일입니다. 친구의 힘을 도움 받은 자는 자신에게 가능한 역량으로 다시금 도우면 됩니다. 강한 자가 마땅히 약한 자를 담당해야 합니다. 자기를 기쁘게 하지 않고 이웃을 기쁘게 하며 선을 이루고 덕을 세우도록 서로 도와야 합니다. 오늘도 값없이 의롭다 하심을 입은 우리는 감사하며 이웃과 나누어야 합니다. 오늘도 우리는 여전히 은혜의 열차에 무임으로 승차하고 있습니다.

우리 선교사님들 선교지에서 하나님께서 허락하신 행복을 누리시기를 간절히 바랍니다.

2024년 태국주재 한인선교사회 수필공모전
3등 소망상 수상 소감문

서혜미 선교사

아들이 졸업 작품으로 구상 중인 시나리오를 함께 읽었습니다. 저예산으로 찍을 영화라 모든 것이 최소화되었습니다. 주인공도 '남과 여' 두 명 뿐인. 사랑은 기다림임을 배우는 두 남녀의 이야기입니다. 시나리오를 읽으며 어떤 일로 인해 팽팽히 긴장되었던 마음이 가로누웠습니다. 입가에 배시시 미소가 차올랐습니다.

"어떤 영화를 만들고 싶었어?"

아들은 마치 준비되었다는 듯 단호하게 답합니다.

"쉼이 있는 영화. 유하처럼. 기억나지? 지난여름에 같이 보았던."

"그럼! 아키 카이루스마키의 그 유하?"

아들의 대답에서 내가 오랫동안 의문시하던 질문에 답을 찾았습니다. 삶이 퍽퍽할 때마다 커피 애호가들이 커피를 찾듯 내 손은 책을 더듬어 찾았습니다. 매번 내 손에 잡히는 책들은 저 명성을 얻는 굵직한 마스터피스들이 아니었습니다. 한참을 지나서야 책에서 내가 찾고 있는 것이 쉼임을 알았습니다. 글을 읽으며 잘 쉬고 싶었습니다. 종료하기 위한 쉼이 아닌, 계속하기 위한 쉼.

가슴이 뛰는 서사가 없는 밋밋한 소재였지만, 나누고 싶었습니다. 어쩌면 우리 선교사들 모두 뜨겁게 내리쬐는 태양빛만이 생명을 살리는 것이 아니라, 자그마한 음지에 불어오는 바람에 풀포기가 생기를 머금는다는 사실을 의식해야 할 때가 아닌가 하여… 그 마음이 통하여 이렇게 지면으로 인사를 하게 되어 기쁩니다. 나만의 생각이 아니라 공유할 수 있는 것임을 확인시켜 주셔서 감사드립니다.

차례

사랑 편

1. 다리 잘린 여인의 아픔 _권오혁   22
2. 한 영혼의 소중한 _김원희   30
3. 우리들의 어머니(1등 사랑상 수상작품) _강명선   36
4. 바늘귀에 꿰인 실 _김미영   44
5. 가난한 카렌교회가 더 가난한 선교사를 돕다 _오영철   51
6. 산골마을에서 드리는 작은 도시락 _전현진   57
7. 프랑지파니 _이석종   64
8. 기다림의 사역 _김농원   73
9. 나의 첫 솜땀, 그 이후…(부제: 찬란한 두 여인) _박경화   80

믿음 편

10. 카오커 가는 길 _조용식   87
11. 사람을 세우는 사역 -태국 선교 29년을 회고하며 _김주만   96
12. 도둑맞은 재정 가방 _박영신   102
13. 감동 2024 _박성식   107

14. 물소들과 함께한 하루 _강명선 114

15. 행복한 사람(2등 믿음상 수상작품) _정영란 121

16. 기도의 증표 _박영신 130

17. 양의 털을 입고, 먹고 살다 _이정영 134

소망 편

18. 어느 신입 선교사의 고백 _신세정 140

19. 그리운 태국 어머니 _김원희 148

20. 사랑이 말하게 하라(3등상 소망상 수상작품) _서혜미 153

21. 희미한 전환점(카렌 교회의 선교사역을 위한 7,675밧) _오영철 160

22. 이것이 교회다 _이석종 165

23. 어디까지 열까요? 어디까지 갈까요? _김경실 172

24. 부흥을 기대하며 _김농원 180

25. 이상한 안식 _이정영 187

26. 자전거 _임영미 192

27. 다음 세대, 다민족, 다문화 공동체를 꿈꾸며! _황진호 199

28. 약할 때 강함 되시는 _서혜미 208

사랑

다리 잘린 여인의 아픔

권오혁

나의 가식과 위선에 커다란 종지부를 찍는 순간이었다.

연고자도 없어 외롭게 죽어가는 손, 다리 끊기고 눈이 패이고 온 몸이 피고름 나는 싼띠탐(나환자촌 교회)을 방문하는 순간 나는 깊은 회개의 시간을 가졌다. 화려하게 선교하려던 나의 모습을 투명하게 보는 것 같은 손발이 끊긴 저들의 처참한 모습에 나는 늘 눈물을 흘려야 했다. 처음 잘려나가 뭉그러진 손으로 쌀국수를 버무려주던 나환자교회 집사님의 음식을 맛있게 받아먹던 순간, 그는 원망스럽게도 "아짠(목사님)은 그 병원에 한 번도 안 들렀지요?" 하며 원망 반 투정 반의 음성을 듣고 나는 새로 부임한 쌕싼 전도사와 우타이 전도사와 함께 그 병원에 갔다. 싼띠탐 교회에서 무척 가까운 5분 거리에 있는 병원. 남자 병동과 여자 병동이 함께 있었고 연고자 없이 죽어가는 나환자들을 위한 병원이었다. 처음에는 별 느낌이 없었으나 저들 중 썩어 가는 육신 속에 미소를 잃지 않고 주님만 바라보는 신자들이 나를 알아보고 반갑게 맞아주었을 때는 가슴이 찢어지는 아픔이 있었다. 나는 과연 저들을 위해 무엇을 해 왔고, 또 어떻게 살아야 하는가? 병원 방문 중 아짠 쌕싼은 90살이 넘은 나환자를 심방하며 "할머니 필요하면 친구가 되어 함께 자기도 하고 하나님 얘기도 해줄게요." 했을 때는 정말 부끄러워 쥐구멍이라도 들어가고 싶은 심정이었다. 그래, 저 모습이 바로 주님의 모습이다. 나는 말로만 선교하지만 저 새로 온 전도사는 저들과 함께 살면서 몸으로 삶으로 선교하는구나 하고 생각하는 순간 내 모습이 한없이 부끄러웠다.

병원 이곳저곳을 심방하던 중 이곳에서 복수가 차서 죽어가고 있는 나환자 교회 쌈루와이 장로님을 만났다. 그는 몬타나 여교역자가 공부를 위해 교회를 사임한 것이 자신의 불찰이요 죄인인 것처럼 슬퍼하며 눈물을 흘렸다. "한 달에 10만 원만 보태어 생활할 수 있도록 생활비를 드렸어도 임지를 옮기지는 않았을 거라며" 깊은 후회의 눈물을 흘리던 장로님의 모습이 마지막이라는 것을 우리는 알지 못하였다. 싼띠탐 교회의 쌕싼 전도사를 바래다주고 막 돌아오려는 순간 얼마 전 심방 갔던 그 간암 환자인 쌈루아이 장로가 조금 전 운명하셨다고 그의 자식들이 찾아와 입관 예배를 부탁했다.

아짠 쌕싼은 떨고 있었다. 신학교 졸업 후 한 번도 경험해보지 못한 장례식 예배를 어떻게 드려야 할지 모른다며 당황하고 있었다. 그에게 조용히 찾아가 나는 장례 예배와 예식 순서, 성경 구절과 찬송가를 가르쳐 주고 예배는 이런 식으로 인도하라고 이야기하고 쌈루아이 장로가 누워있는 영안실에 찾아갔다.

사실 싼띠탐 교회는 나환자 환우들만 모인 9노회 교회였다. 나는 한 달에 한 번씩 이 교회를 방문하며 순회 설교를 하고 있었다. 이들은 마지막 순간을 이 교회에서 보냈기 때문에 성도님들이 서로 사랑하고 아끼며 이 교회를 잘 섬기고 있었다. 사실 9노회는 20여 교회와 전도처로 이루어져 있다. 그중에 자립하는 교회는 모교회인 베들레헴 교회와 싼띠탐 교회밖에 없었다. 싼띠탐 교회 성도들은 약 40명 모이지만 성도님들의 자녀들은 모두 나콘 시내에 있는 학교로 보내고 있었다. 그 자녀들은 도시의 학교를 마친 후 나환자교회로 다시 돌아가지 않았다. 평생 부모님들의 눈물과 아픔을 함께 누리기 싫었던 것이다. 그들은 정상인이 되어 대학을 다니고 결혼을 하면 새로운 둥지를 틀고 그곳에서 생활하게 되었다. 결국 이 성도들이 하나하나 하나님 나라에 가면 교회는 곧 문을 닫을 것이다. 태국 정부의 부족한 후원으로 성도님들이 어렵게 생활하므로 그들은 오직 주님만을 의지하고 그분만 생각하며 살았다. 이 세상에 의지할 것 아무것도 없이 너무 가난하게 살고 있었으므로 이 교회는 성도님들이 주님과 교회를 사랑하는 마음이 아주 특심하였다.

교회 뒤편에는 나환자들을 위한 화장터가 있었다. 이곳에서 외롭게 목회하던 선교사님(로살린, 독신 선교사)이 교회를 돌보다 최근에는 본국인 호주로 떠나고 이를 이어서 몬타나 여자 목사가 10년간 목회를 하였다. 이들은 장례식이 나면 함께 교인들을 화장하곤 하였다. 연약한 여인들로서 아주 힘든 일들을 담당하였다. 한번은 화장터의 시신을 지켜보다 시체가 부풀어 올라 터져 나가면서 온갖 냄새를 뒤집어쓰고 현장에서 기절하여 뒤로 넘어진 적도 있었다 한다. 그 후에 5년 이상 목회자가 없다가 이제 젊은 아짠 쌕싼이 이 교회를 담당하게 되었다. 그러나 신학교를 갓 졸업하여 아무것도 모르는 상황에서 그는 나를 형님처럼 아버지처럼 따르며 함께 한 식구처럼 지내고 있었다.

쌈루아이 장로님의 시신은 희뿌연 비닐봉지에 다리가 잘리고 또 손이 잘린 모습 그대로 놓여 있었다. 병원에서 간호사가 와서 급하게 시체가 썩지 않도록 방부제 주사를 여기저기 놓아 주고 있었다. 얼마 전까지만 해도 교회의 미래를 걱정하며 떠나간 여 목회자인 몬타나를 생각하며 눈물을 흘리던 장로님 이제는 초라한 모습으로 배가 남산만 하게 나온 모습은 무척 초라하게 보였다. "사람이 죽으면 아무 쓸모가 없구나" 그의 썩어 문드러진 모습 서러운데도 여기저기 가슴에 심장에 팔다리에 주먹만 한 주사를 꽝꽝 놓아도 아무 말 없이 뻣뻣하게 굳어가고 있는 장로의 시신을 보면서 나는 깊은 생각에 빠졌다. 그렇다, 그래서 성경에서는 "젊어서 너의 창조주를 기억하라"고 했다. 저렇게 늙고 병들어서 이제야 주의 일을 열심히 해보자고 할 때는 이미 모든 것이 다 끝나버렸다. 급하게 나와 아짠 쌕싼은 입관예배를 마치고 그 시신을 롯푸앙(조립식 오토바이)에 실으려고 하였으나 시신을 옮길 수가 없었다. 나는 내 차를 가져와 뒤 트렁크를 열고 시신을 병원에서 옮겨 교회에 안치했다. 싼띠땀 성도님들과 함께 입관예배를 드린 후, 나는 피곤한 몸을 이끌고 밤늦게 집으로 귀가했다.

"인생이 왜 이렇게 허무한 것인가" 그러나 하나님의 종으로 하나님의 일을 하다가 가는 인생은 얼마나 감사한 일인가. 또한 "주의 복음을 전하는 발이 얼마나 아름다운 발인가". 태국인들과 함께 울고 웃는 선교를 해 보자고 선교 사역에 뛰어들었으나 때로는 영적인 싸움에 지치고 때로는 기력이 떨어지고 혼란과 혼돈의 와중에서 주님은 끝까지 나를 붙드셨다. 그리고 마태복음 28장 19-20절 "그리스도의 선교 대위임령으로" 세상 끝 날까지 나를 늘 지켜주셨다. 눈물 없이 고통 없이 갈 수 없었던 주님의 피나는 골고다 언덕을 생각하면 나의 고통은 아무것도 아닐 것이다. 그날 밤 아짠 쌕싼은 싼띠탐 교회에서 한 잠도 자지 못하고 밤새 쌈루와이 장로의 시신을 지키느라 무서워서 억지로 철야 기도를 했다고 한다.

장례 예배를 무사히 마치고 나와 쌕싼 전도사는 치료를 받으러 갔다는 "어이" 할머니가 쓰러져 있는 병실로 향했다. 뼈가 썩는 병이라는 문둥병 중증환자 그래서 다리를 자르고 한 달이 넘게 치료받는 "어이" 할머니는 너무나 큰 고통으로 마구 눈물을 흘렸다. 잘려나간 다리에서는 피고름이 뚝뚝 떨어지고 너무 지나친 약을 복용해 계속 토해 내고 있었다. 우리는 어찌 할 수 없어 같이 부여안고 눈물을 흘리며 기도했다. 하나님 어찌하여 이런 아픔을 허락하나이까? 눈물의 기도 소리를 들으며 아스라하게 쓰러져가는 어이 할머니…. 하나님 나환자들의 아픔을 들으소서! 그들도 우리와 같은 사람들입니다. 하나님 긍휼과 자비를 베푸소서! 사지가 잘리는 아픔 속에서 주님 골고다의 십자가를 생각하소서! 오늘은 저들의 아픔이 나의 아픔처럼 느껴지는 날이었다.

주님께서는 다리 잘린 여인의 아픔을 아실까? 주님께서는 그렇게 침묵하고 계시는 분인가? 어떤 상황과 절망의 순간 원인 모를 고독의 순간에야 주님께서는 슬며시 말씀하신다. "내가 세상을 이기었노라, 담대하라, 너도 또 고난을 이겨내야 한다고" 어이 할머니의 눈물 그 고통의 눈물, 절규가 내 가슴을 후벼 파고 있었다. 원수같이 지겨운 인생… 그러나 그 순간에도 주님은 그 여인에게 가까이 가셨다. 그리고 속삭이신다. 내가 너를 사랑한다고, 내가 너를 이해한다고, 나도 골고다 십자가에서 너보다 더한 고통을 이겨 냈다고. 주님께서는 침묵하지 않으시고 주님은 화려하지도 않게 들리지도 않게 작은 소리로 정답게 찾아오신다. 우리가 필요한 곳에, 위로가 필요한 곳에, 눈물이 필요한 곳에 주님께서는 오늘도 찾아가신다. 인생은 너를 버렸어도 나는 너를 버릴 수 없다고, 세상은 너를 포기했어도 나는 너를 포기할 수 없다고, 너는 내가 피 흘려주고 값있게 산 나의 자식이기 때문에 내가 너를 어찌 잊겠냐고….

    그날 밤 나는 새벽에 일어나 하나님의 음성을 들었다. 그리고 앞으로 이 태국 영혼들을 어떻게 사랑해야 하는지 배우게 하셨다. 주님께서는 조용한 음성으로 찾아오셨고 시상을 떠오르게 하셨다. 그리하여 탄생한 시가 "다리 잘린 여인의 아픔"이라는 제목의 시였다.

다리 잘린 여인의 아픔

주님!
다리 잘린 여인의
아픔을 아시나요?

태국 남부 시골
싼띠탐 교회 심방하다
다리 잘린 여인을 만났다.

온 마을이 문둥이

피고름 뚝뚝 떨어지고
썩은 냄새 진동한다.

자고 나면 코가 문드러지고
자고 나면 눈알이 빠지고
자고 나면 희망이 사라진다.

주님!
다리 잘린 여인의

고통을 아시나요?

내가 그랬다.
너희들 날 버려 십자가에
죽여 버렸지 않았니?

"엘리 엘리 라마 사박다니"
나의 하나님. 나의 하나님.
어찌하여 나를 버리시나이까?

너희들 날 버리고
벗은 몸으로 도망칠 때
내 마음도 썩어가고 있었단다.

다리 잘린 여인 다시 붙들고
나도 모르게 외치는 신음 소리
엘리 엘리 라마 사박다니.

권오혁 선교사
태국주재 한인선교사회 남부지회 소속
사역 도시 태국 남부 나콘시탐마랏
사역 기간 31년 9개월

> 사랑

한 영혼의 소중함

김원희

태국 선교사로 16년 사역을 하면서 많은 은혜의 시간을 보내고 있습니다. 사역하는 모든 선교사에게 동등한 은혜의 시간이 되었을 것입니다. 한 영혼이 주님 앞에 돌아오는 기쁨은 모든 선교사에게는 감동의 시간이 되고 그 한 영혼을 위해 뜨거운 여름에도 비가 오는 우기에도 복음을 전하기 위해 열심히 전도하는 그 걸음들 그러다 한 영혼이 주님 앞에 돌아올 때 얼마나 감동이고 기쁨인지 모든 선교사들은 경험했을 것입니다.

16년 태국 남부에서 사역을 하면서 수많은 간증과 감동의 시간이 있었습니다. 그중 한 영혼이 주님 앞에 돌아와 주님을 영접하고 주님 앞으로 돌아오는 짧은 간증의 이야기입니다.

저희는 빈민가 지역에서 어린이 사역을 하면서 빡나컨 교회를 개척하여 그 지역에서 복음을 전하고 있습니다. 우리 사역에 태국 학교 체육 선생님이 토요일만 와서 어린이 사역을 하는데 아이들을 위해 게임도 하고 글을 모르는 어린이들을 위해 함께 도우면서 태국어도 가르쳐 주시는 에 선생님의 이야기입니다.

　오래전부터 알고 지내는 에 선생님과 함께 사역한 지 1년쯤 되고 있습니다. 그러던 어느 날 에 선생님이 자기 어머니에 대해 이야기하면서 어머니가 몹시 아프다고 시립병원에 가서 검사를 하였는데 별 이상이 없다고 의사 선생님이 말씀하셨다는 것입니다. 그런데 에 선생님의 어머니는 자꾸 몸무게가 줄어들고 계속해서 아픔을 호소해서 다시 국립 종합 병원에 가서 검사를 했는데도 별 이상이 없다고 했다는 것입니다. 매일 복통을 호소하면서 약을 먹어도 별 효과가 없어서 다시 국립 병원에 가서 위내시경을 한 결과 위암 말기…

　그동안 병원에서 검사를 많이 했는데 결과가 이렇게 나와 모든 가족이 상심하였고 에 선생님은 그 결과를 받아들여야만 했습니다. 그동안 어머니는 예배드렸지만 온 가족이 절에 다녀서 어쩔 수 없이 절에 가야만 했던 에 선생님의 어머니 자식들이 교회 목사님을 모시고 와서 함께 예배를 드리자고 해도 마음의 문을 닫고 예수님에 관해 관심도 두지 않고 오직 자기가 믿었던 부처께 빌었던 어머니…

　에 선생님이 위암 말기인 어머니에게 여러 번 예수님을 소개하여도 마음을 열지 않았고 어머니 손을 잡고 기도를 하려고 해도 허락하지 않고 아들아, 기도하지 말라 나는 예수 안 믿는다고 강하게 부인했던 어머니를 보면서 아들로서 얼마나 마음이 아팠겠습니까? 그래도 소망을 두고 여러 번 전했지만, 마음을 열지 않은 어머니를 보면서 마음이 많이 아파했습니다. 저는 에 선생님을 만나서 "혹시 어머니가 예수님을 영접하셨는지요?"

에 선생님은 "아니요. 어머니가 마음을 닫고 예수님을 영접하려 하지 않습니다."

그러던 어느 날 빡나컨 어린이 사역을 마치고 하나님께서 저에게 감동을 주셔서 오후 1시에 나콘시탐마랏 국립병원에 선생님 어머니 심방을 갔습니다. 제가 에 선생님 어머니 얼굴을 보니 시간이 얼마 남지 않은 것을 알 수 있었습니다. 한참 동안 병원에서 어머니를 바라보면서 마음속으로 하나님께 어떻게 하면 좋을지 기도하고 있었습니다. 그때 하나님이 저에게 마음을 주셔서 조심히 에 선생님 어머니에게 말을 걸었습니다.

"안녕하세요! 저는 에 선생님과 함께 사역하는 김원희 선교사입니다. 저는 한국에서 왔고 이곳에서 복음을 전하는 선교사입니다. 어머니 저와 잠시 이야기를 할 수 있을까요?"

그분은 마음을 열고 "네 그렇게 하겠습니다."라고 하십니다. 그래서 그분과 마음의 문을 열고 이야기를 시작했습니다.

"어머니 우리는 모두 죽어요. 어머니는 암에 걸려서 얼마 있으면 죽어요. 혹시 죽음이 두려우세요?"

에 어머니는 "네, 아주 두려워요."라고 대답합니다.

"그럼 어머니 죽으면 어디로 가는지 아시나요?"

"잘 모르겠어요. 지옥에 가겠죠…."

"네, 사람이 예수님을 믿지 않고 죽으면 지옥에 가요. 그런데 예수님을 믿으면 천국에 갈 수 있어요. 예수님이 우리를 위해 이 땅에 오셨고 우리의 죄를 위해 십자가에 죽으시고 예수님을 영접하는 사람에게는 모든 죄를 용서해 주시고 구원해 주세요. 그 예수님을 믿으면 천국에 갈 수 있어요."

그때 어머니는 "아멘! 네, 저도 천국에 가고 싶어요. 저도 예수님을 믿을게요."라고 하십니다.

그동안 아무리 자식들이 예수님을 전하려고 해도 마음의 문을 열지 않았던 어머니가 마음의 문을 열고 예수님을 영접하겠다는 것입니다. 주위에 있던 자식들이 깜짝 놀랐습니다. 예수님을 영접하겠다는 어머니의 모습을 보면서 모든 자식들이 눈물을 흘리기 시작했습니다. 저는 선교사로 그분에게 예수님을 전하고 영접 기도를 하였고 축복기도를 하였습니다.

그때부터 어머니의 마음이 열려서 평안해지는 모습을 보았습니다. 예수님을 영접한 어머니에게 축복기도를 하고 서로 간의 닫힌 마음을 열고 서로 용서하지 못한 것 있으면 서로가 용서하라고 하였습니다. 어머니에게 서운한 것 있으면 용서하고 자식들도 어머니에 대해 서운한 것 있으면 용서하라고 권면을 하였습니다.

그 후 심방을 마치고 돌아오기 전에 하나님이 마음을 주셔서 병상에서 세례식을 하였습니다. 일전에 한 어르신이 유방암 말기에 예수님을 영접하였는데 세례를 받지 않으셔서 세례를 베풀려고 마음을 먹과 심방을 가다가 주일 오후 예배 시간이 다 되어서 예배 후 세례를 주려고 했다가 예배를 마치고 갔는데 소천을 하여서 저의 마음에 후회가 남았던 기억이 있어서 기회가 되면 하나님이 주시는 마음이 있으면 바로바로 순종하는 것에 대해 깊이 생각하고 있었습니다. 그래서 에 선생님 어머니에게 병원에서 병상 세례를 주고 기도를 마치고 금요 철야를 위해 교회로 갔습니다. 이후 2일 후에 선생님의 어머니는 하나님의 부르심을 받고 천국으로 소풍을 가셨습니다.

하나님이 저에게 사역을 마치고 심방을 가라는 마음을 주셨을 때 순종하였기에 그 한 영혼이 주님 앞에 돌아 올 수 있었고 그 영혼을 주님이 나라로 인도할 수 있었습니다. 우리는 선교사로 태국에서 사역하면서 많은 영혼을 위해 기도를 하고 심방을 하지만 그때그때 하나님이 주시는 마음에 순종하지 않는다면 사랑하는 이웃이 또한 태국의 한 영혼이 주님의 자녀가 되지 못하고 마귀의 자녀로 영원한 지옥 불에서 고통을 받을 것이 분명하기 때문입니다.

하나님이 주신 마음에 순종한 그 순종으로 인해 한 영혼이 주님의 구원 은혜를 받고 천국으로 입성하는 과정을 보면서 기회가 될 때마다 복음을 전하고 하나님이 감동을 주시면 바로바로 순종을 하여 하나님이 우리에게 맡기신 그 영혼을 주님의 자녀로 인도하는 데 최선을 다하는 귀한 선교사가 되어야겠다고 마음의 각오를 다시 한번 다짐하는 시간이 되었습니다.

오늘은 에 선생님의 어머니 천국 환송 예배를 잘 드리고 하나님께 영광을 돌리는 아름다운 시간이 되었습니다. 앞으로도 태국 남부의 선교사로서 주님이 허락하시는 그날까지 맡겨준 사역 잘 감당할 것이며 한 영혼이 천하보다 귀한 그 사람들을 찾아 복음을 전하는 사역 잘 감당하겠습니다. 사역 가운데 수많은 간증이 있지만 그중 한 가지를 나누었습니다. 저를 태국에 선교사로 불러 주신 예수님께 감사와 영광을 돌립니다.

김원희 선교사
태국주재 한인선교사회 남부지회소속
사역 도시 태국 남부 나콘시탐마랏
사역 기간 16년

`1등 사랑상 수상작품`

우리들의 어머니

강명선

20년이면 강산이 두 번 바뀐다는데, 마을 공터에서 뛰어놀던 소년들도 아련한 그림자만 남긴 채 외지로 떠났고, 들판 길 함께 걷던 수다쟁이 아줌마들도 흰머리 노인이 되었고, 힘없이 집 안만 지키던 노인들은 이미 세상을 떠났다.

마을 삼거리엔 귀신이 모인다고 해서 묶여진 땅, 그 땅에 교회를 세운 지 19년의 세월 속에서 '타나산' 마을 이웃들의 인생 또한 이렇게 시간을 타고 흘러왔다.

우리 교회 앞 삼거리 골목은 해가 지면 칠흑 같은 어둠이 깔린다. 고목에 몰려든 참새 떼들도 숨죽여 잠을 자느라 고요한 거리여서 삼거리에 귀신이 몰린다고 믿을 만하다. 거기에 다행히 골목을 밝혀 주는 한 이웃, 빠판이 살고 있다. 새벽기도 하러 오는 나에게 무섭지 않도록 지켜주듯이 이미 하나님은 빠판을 오래전 그 삼거리에 심어 놓으셨다.

빠판의 하루는 새벽 4시에 시작된다. 리어카를 매어 단 오토바이를 타고 새벽시장에 가서 사 온 물건들은 오밀조밀 그녀의 작은 구멍가게에 차리고, 아침을 품은 야채, 생선, 과일 등은 그녀의 새벽길 수고가 헛되지 않은 타나산 마을 사람들의 고마운 아침거리들이 된다.

빠판의 가게는 우리 교회의 GPS다.
"치앙마이 비젼교회를 아세요?"
"빠판 가게 앞에 있어요.'라고 말하면 적어도 산사이 지역 사람들은 대부분 다 그곳을 안다. 빠판 가게는 50년의 역사를 이어 온 그녀의 생명줄이며 타나산 마을 사람들의 소박한 먹거리 공급처였다.

사람들의 발걸음이 뜸한 한낮 그녀는 우리 교회를 지켜보고 사는 일이 무료한 시간을 달래주었다. 귀신이 모이는 저 땅, 삼거리에 세워졌으니 무슨 안 좋은 일이라도 생기려나, 예수 믿는 사람들은 도대체 저 건물 안에서 매일 뭐 하며 지내는지도 궁금하고, 또 가끔은 구멍가게를 잘 이용해 주는 성도들 덕분에 흡족해하며, 이웃이 된 정으로 받아 먹어보는 교회 음식의 꿀맛을 즐기면서도 전통적인 불교 신자였던 그녀의 마음이 열리기까지는 12년이나 걸렸다.

"아짠(선교사님). 내가 12년 동안 이 교회를 지켜봤는데 정말 신기한 게 있어요. 교회에는 큰 행사 이후에 술병 던지면서 큰소리치며 싸움질하는 사람들도 없고, 가족같이 웃고 행복하게 지내는 게 참 신기해요. 절에는 행사 끝나고 나면 술 난장판이 되고 사고가 생겨요. 교회는 달라요. 나도 교회 다녀야겠어요."

그날로부터 빠판은 우리 교회 신실한 성도가 되었다. 주일날이면 가게 문을 닫고 교회로 왔다. 타나산 마을에 소문이 났다. 마을 사람들의 소소한 먹거리 가게가 주일날 문을 닫으니 너무 불편하다고 불평을 쏟아내도 상관치 않았다.

"주일날은 교회 갑니다.", "난 이제 예수님 믿어요." 그녀의 담대한 태도 자체가 복음이었다.

12년 동안 빠판 가게를 들를 때마다 전도했던 것이 믿는 자들의 구별된 모습, 삶을 통해 영글어 그녀의 맘을 움직이게 한 것이다.

빠판의 젊음은 남편을 먼저 보낸 세월 속에서 빛이 바랜 채 또 남동생마저 이 세상을 떠나보내야만 했다. 시집간 딸은 무슨 이유인지 엄마를 찾아오지도 않는다. 노총각이 된 아들이 그나마 빠판 곁에 있지만 하는 일 없이 술친구랑 다니며 집에 붙어 있지도 않으니 빠판은 혼자서 가게를 돌보며 끼니조차 잘 챙겨 먹지도 못한다. 이젠 72세의 나이, 그녀는 당뇨로 인해 썩어 들어가는 발가락을 잘라냈다. 절룩거리며 가게를 돌아보기가 어려운 나이가 되었고 지금은 결국 가게 문을 닫았다. 50년의 먹거리 공급처는 타나산 마을의 역사에 기억으로 남겨질 것이다.

하지만 부지런하게 새벽 시간을 박차고 오르던 그녀의 열정은 세월의 흐름 속으로 사라져갔고, 그녀에게만은 찾아오지 않을 것 같았던 노년의 시간이 염치없이 덮쳐버렸다.

'삐걱삐걱' 빠판이 기댄 네발 지팡이 소리는 매일 아침 교회 마당에서 그녀가 와 있음을 알려 준다. 수시로 들락거리는 교회 성도들 모습이나 가끔 기어들어 오는 길고양이 녀석의 재롱과 지나가는 새들의 날갯짓을 보는 것조차도 빈집에 혼자 있는 외로움보다는 훨씬 나은가 보다. 빠판은 우리들과 점심도 같이 먹고 주중의 모든 예배마다 함께한다. 그녀가 믿음이 좋아서라기보다는 그냥 교회가 좋고 교회 식구들이 좋기 때문이리라. 예수님을 믿기로 결심한 그날부터 남편 잃고 남동생 잃은 슬픔을 교회에 와서 채우고 달랬으니 교회는 먼 친척보다 좋은 이웃사촌인 셈이다.

지난 주일은 타살라 지역 성시화 기도 집회를 하는 날이었다. 주일 예배 후 왁자지껄 짐들을 챙겨 타살라 지역을 향해 떠나려는데 빠판의 외로운 눈빛이 우리들과 함께 갈 의향이었다.

"빠판, 기도집회 함께 갈래요? 밤늦게 돌아오는데 괜찮겠어요?" 그녀는 고개를 끄덕이며 같이 가려고 했다. 걸음이 불편할 만큼 몸이 약해 내심 걱정이 되었지만 나를 바라보는 애절한 눈빛이 간절함을 말해 주니 어쩔 수 없었다. 요즘 들어 부쩍 말이 없어진 빠판은 고갯짓으로 의사를 표현할 뿐, 아마도 우울증이나 치매의 초기 같은 증세가 아닌가 너무 안쓰러워 혼자 있기 싫은 아기처럼 늘 우리를 따라 다니고 싶어 하는 그녀를 내 차에 태우고 타살라 지역 기도 집회 장소로 갔다.

준비해 온 저녁 도시락을 먹고 성전에 들어가면서 빠판에게 물었다.

"화장실 갔다가 들어가실래요?"

아기 같은 그녀를 미리 잘 준비시켜야 했다. 그러나 그녀는 싫다고 고개를 저었다. 난 그 말을 믿고 부축해서 성전 안으로 들어갔고 내 옆자리에 얌전히 앉혔다. 3시간 이상 진행되는 기도 집회에서 졸지도 않고 잘 앉아 계셨다. 찬양할 때 박수 치며 기뻐하고 한마음으로 열심히 기도도 했다. 마지막 프리워십 때 끝나기를 원치 않는 청년들의 찬양 열기로 집회가 더 길어진 끝에 드디어 긴 시간의 집회가 끝났다. 아쉬움을 안고 다 떠나는 시간에 나도 빠판을 일으켜 부축해서 나가려는데 코를 찌르는 냄새가 확 덮쳤다. 일으킨 빠판의 의자에는 축축한 물기로 가득했다. 큰일 났다.

'앗, 이건?' 순간 내 입을 닫았다. 아기같이 변한 연약한 모습 속에도 살아 있을 그녀의 작은 자존심이라도 상할까봐 조심스레 일을 처리해야 했다. 왜 내가 억지로라도 그녀를 화장실에 데리고 가지 않았을까? 나의 실수를 되돌려 받은 것 같았다.

"빠판, 먼저 내려가 계세요." 아무렇지 않은 듯이 한 청년에게 빠판을 모시고 나가도록 부탁해 놓고 모든 휴지를 다 꺼내서 그녀의 실수를 닦아냈다. 그날따라 물티슈를 찾기가 어찌나 어려운지… 다행히 손 세정제 알코올이 있어서 뿌리고 닦아냈다. 휴지 가득 채운 오물과 냄새로 범벅이 된 내 손을 움켜쥐고 정신없이 화장실로 달려갔을 때에야 드디어 숨을 돌릴 수 있었다.

한 단계 일은 처리했지만 그녀를 차에 태워 집에까지 보내드리는 일이 남았다. 그 몸으로 의자에 앉히면 의자는 물론 코를 찌르는 냄새로 함께 타고 가는 사람들에게 고난의 귀갓길이 될 것이니, 자동차 안 냄새를 처리하려면 이 밤에 시간이 걸릴 테고…….

그러나 뾰족한 방법은 없다. 올 때 모습 그대로 내 차에 태우고 가는 수밖에… 나의 고민을 눈치 챈 지혜로운 성도가 비닐봉지를 가져다주었다. 차 의자에 비닐을 깔고 빠판을 조심스레 앉혔다. 빠판이 자신의 실수를 미안해할까 봐 오히려 그녀를 달랬다.

"빠판, 괜찮아요. 그럴 수도 있지요. 어서 집에 모셔다 드릴게요."

자신을 왜 비닐을 깔고 의자에 앉히는지 이유를 알까? 어쨌거나 그녀는 아무 말 없이 앉았다.

우리 태국 사람들은 참 착하다. 항상 남을 배려해주는 '끄랭짜이' 문화가 있어서다. 함께 차를 타고 가는 이들은 약간의 불편한 냄새에도 그 누구도 인상을 찌푸리지 않았다. 오히려 자동차 창문을 열고 달리니 밤바람을 즐기며 단숨에 도착했다. 나 혼자 괜한 걱정으로 머리가 잠시 복잡했음에 괜히 미안해졌다.

"빠판, 집에 도착했어요. 오늘도 하루 종일 수고했어요. 어서 목욕하고 잘 쉬세요."

빠판을 부축해서 집 마당으로 들어갔다. 방 안 희미한 불빛이 보이는 것 보니 아들이 들어왔나 보다. 다행이다. 다만 술 취해서 실수한 엄마를 혼내거나 주눅 들게 만들지 않으면 좋겠다.

교회 도착하니 빠판의 네발 지팡이가 남겨져 있었다. 내일 아침 눈을 뜨면 당장 필요할 그녀의 지팡이인데 문 앞에 갖다 드리는 일까지 나의 책임이리라. 지팡이를 조심스레 집 마당에 들여다 놓고 나올 때 부서져 덜컹대는 대문짝마저 서러운 우리네 삶을 말해주는 듯했다.

집으로 돌아가는 길, 나도 모르게 눈물이 흘러내렸다. 자기를 데리고 가 달라고 애원하듯 말없이 나를 바라보고 있던 그녀의 외로운 눈빛, 찬양할 때 잡아주었던 핏기 없이 메마른 손, 축 처진 바지를 붙잡고 절뚝이며 걸어 들어간 그녀의 뒷모습, 내 차 안에 남겨진 그녀의 체취에 뒤섞인 찌릿한 냄새, 이 모든 게 눈물이 되어 스며 나왔다.

그녀의 활기찬 중년 시절의 모습, 밝게 살아가는 이야기를 하며 새벽부터 부지런히 골목을 밝히며 먹거리들을 제공했던 가게 주인으로서의 삶을 알기에 지금 약해진 그녀의 모습에서 오는 연민이 가슴에 사무쳐왔다.

그 옛날 그녀도 고운 여인이었다. 예쁜 아들딸 키우며 오손도손 해 질 녘 저녁이 기다려지던 때가 있었고, 가게를 통한 짭짤한 수입으로 남에게 빚지지 않고 살아온 당당한 여인이었다. 자식 뒷바라지하고 열심히 살다 보면 다가올 좋은 날을 꿈꾸며 새벽에 서두른 삶도 행복했을 것이다.

그러나 현실은 참 야속하다. 키워 놓은 자녀는 그녀의 희망이 되지 못한 채 건강을 잃고 정신력도 잃었다. 욕심 없이 그냥 따뜻한 눈길과 밥상머리에서 대화라도 나눌 누군가가 곁에 있으면 족할 것이다. 자녀이든 친척이든 친구이든….

빠판의 인생은 바로 우리들의 어머니 인생이다. 빠판의 뒷모습은 우리들 어머니 모습이며 우리들의 모습이다.

지금은 나라도 사무치도록 애달프고 슬픈 빠판의 하루를 함께해주고 싶다. 언어 잃은 그녀의 일상 속에 묻어둔 말들을 캐내어 주름진 얼굴 웃음으로 채울 수 있다면 족하고, 점점 약해져 가는 그녀에게 가슴 맞대어 한아름 안아주어도 좋겠다. 빠판을 이 땅에서 떠나보내기 전에 얼마 남지 않는 이 시간을 아끼고 아껴서 그녀의 외로운 하루를 달래주면 좋겠다. 그녀는 20년 지기 나의 이웃이며 우리 모두의 어머니이기에…!

강명선 선교사
태국주재 한인선교사회 북부지회 소속
사역 도시 치앙마이
사역 기간 30년

> 사랑

바늘귀에 꿰인 실

김미영

　나는 2002년 선교의 부르심을 따라 남편과 함께 GMS(총회세계선교회)에서 선교사 훈련을 받고 태국으로 파송을 받아 현재 태국 남부 지역 나컨시탐마랏에서 올해로 21년째 사역을 하고 있다.

　태국이 전반적으로 아열대성 기후에 속해 기본적으로 낮이면 햇볕 뜨거운 지역이지만 나라가 긴 지형적인 특성이 있어 남과 북의 온도 차가 있는 나라이다 보니 12월이 되면 이곳 남부 사람들은 추위를 즐기러 북쪽으로 단체 관광을 나서기도 한다.
　반면에 태국 남부는 일 년 내내 덥고, 더 덥고, 아주 덥고 또 습한 날씨에 우기철에는 폭포수 같은 비가 내리지만 그래도 공기 맑고 가까이 바닷가가 있는 지역인지라 탁 트인 수평선을 바라보며 쉼을 얻을 수 있는 장점도 있다.
　그렇다고 유명한 관광지도 아니고 뭔가 즐길 거리도 없는 곳, 현지인들도 어느 정도 시간이 지나면 더 나은 곳을 찾아 떠나는 곳, 특히 고등학교를 졸업하면 대부분 대학 진학을 위해 타지로 정들 만하면 떠나는 그곳에 우리가 와 있다. 그렇게 21여 년간을 함께 살아왔다.

방콕에서 1년간 언어 공부가 끝나고 사역지로 내려갈 무렵 아들 둘은 치앙마이에 있는 선교사 자녀 기숙사로 올려 보내 그곳에 있는 치앙마이 국제학교에 다니게 되었다. 그 당시 아이들은 호주 시드니에서 초등학교를 다니다 왔기에 국제학교에 다니는 것에 대한 언어적 불편함이 없었고, 아이들이 남부 선교지에서 태국학교 과정을 당장 따라가기 힘들다는 이유도 있었다. 가장 중요한 것은 함께 사역한 팀에서 특별히 어렵고 위험한 선교지에 있는 선교사 자녀들은 안전한 곳에서 돌보며 교육시키자는 취지에서 긍지를 가지고 선교사 자녀기숙사를 세웠기에 주저 없이 치앙마이로 올려 보내고 우린 남부 사역지로 내려왔다.

치앙마이 국제학교를 다니다 방학을 하면 두 아들은 기숙사를 떠나 집으로 가야 하는 긴 여정이 시작된다. 외국이면 아예 비행기로 한 번에 돌아갈 수 있겠지만 지리적으로 긴 태국 안에서 남부 나컨시탐마랏까지 1,530km 거리를 오려면 치앙마이에서 오후 버스나 기차를 타면 방콕에 그다음 날 새벽에 도착한다. 그러면 방콕 선교팀 센터에서 잠시 휴식을 취한 후 당일 오후 7시경 기차를 타고 나컨시까지 15시간 이상 걸려 다음 날 오전 10시 반쯤 도착하게 된다. 이것도 기차가 도중에 고장이 나지 않을 때 예상 시간이지만 중간에 고장이 나면 집으로 가는 시간은 속절없이 지나고야 만다. 이렇게 치앙마이에서 오르내리느라 일주일이 금세 지나가 버리기 일쑤였다.

언젠가 홍수로 중간에 오는 기찻길이 막혀 버스로 갈아타야 하는 때가 있었는데 하필 그때 둘째 아이가 다리를 다쳐 깁스하고 있던 때여서 가방 챙기랴 목발 짚고 다니랴 정말 집에 오가는 시간이 힘들었다고 했다. 이런 시간이 아까워 어느 땐 중간지점인 방콕에서 애들과 만나 남은 시간을 보내다 치앙마이로 올려 보내기도 했다.

그 당시에는 국내 비행기 가격이 꽤 부담돼서 기차나 버스를 이용할 수밖에 없었다. 지금은 저가항공사가 많아 그나마 오르내리느라 시간은 그때처럼 많이 걸리지 않아서 좋겠지만 그래도 힘든 시절 함께했던 아이들과의 그 추억의 시간들은 우리 안에 소중히 남아있다.

큰아이가 초등 6학년, 작은 아이가 4학년 2학기 때부터 12학년을 마치기까지 이런 삶이 한동안 이어졌다. 남부 선교사로서의 삶을 사는 3년째 될 무렵 방학에 집에서 함께 생활하던 중 어린 둘째 아들이 질문을 했다.

"엄마 치앙마이에 있는 학교에 다니다 보니 우리처럼 선교사 자녀들이 많던데 그 아이들은 부모랑 같이 사는데 우린 왜 떨어져 살아요?"
"우린 남부 선교사로 헌신해서 왔으니 이곳에서 사역하며 사는 거야."

그렇게 말을 했지만 순간 스스로에게 의문이 있었다. 무엇 때문에 우릴 이곳에 있게 하는지에 대한 내 안의 정리나 명확한 인식도 없이 그저 가라 해서 선교지에 온 것에 대한 생각을 하게 됐고 질문이 생겼다. 일명 남편 따라 온 아내로서, 엄마로서, 또 선교사로서, 사명이 제대로 정립되지도 않았던 허술한 선교사임을 스스로 자인하고 말았던 것이었다. 그래서 이곳에 이렇게 있어야 하는 이유와 부르심에 대한 확신을 위해 하나님께 묻기 시작했다. 그래서 어떤 일을 결정하기 위한 기도를 할 때 하던 나만의 습관에 따라 창세기부터 펼쳐 읽어가며 하나님께 답을 구하며 기도하기 시작했다. 성경 안에 답이 있음을 그렇게 알고 실천하고 있었기에 창세기부터 읽어가며 말씀 안에서 깨달을 수 있도록 성령의 도우심을 구했다. 드디어 사무엘상을 읽기 시작하면서 하나님께서 사명을 확인하고자 한 나에게 성경 기록에 따라 분명히 말씀하고 계심을 확인할 수 있었다.

특별히 사무엘상 6장 8-12절 말씀을 읽을 때, 벧세메스를 향해 울며 갈 수밖에 없는 길임에도 좌우로 치우치지 않은 두 암소와 집에 가두어진 송아지의 모습이 아른거려 눈물이 났다. 많은 시간이 지난 뒤에도 이 부분을 읽을 때면 가슴 뭉클함이 여전히 남아있다. 기록된 말씀과 절묘하게 우리의 상황이 맞아떨어졌다. 언약궤를 싣고 가는 두 암소들, 아직 젖을 떼지 못한 채 집안에 묶여 있는 어린 송아지의 울음소리를 들으면서도, 하나님의 강권적인 힘에 의해 차마 어린 새끼들에게로 돌아가지 못하고 묵묵히 눈물 흘리며 벧세메스로 갈 수밖에 없는 그 길, 그 길 속에 우리 가족이 있었다. 또 하필 두 아들이라니, 그렇지만 그 길은 하나님께서 살아 계신다는 하나님의 임재를 이방인 가운데 드러내는 길, 언약궤를 아무나 메지 않고 선택된 레위 제사장들만의 거룩한 의무임을 알기에 그 영광의 자리에 우리를 불러 주셨다는 것을 깨닫게 되었다.

왜? 왜? 우리를 이곳에 보내셨고, 왜? 우리가 이곳에 와 있어야 하고 왜? 우리 가족은 떨어져 살아야 하는지에 답을 분명히 알게 해 주셨다. 방콕이나 치앙마이에서 자녀들과 함께 살면서 선교사역도 잘 하는 가정들을 보며 '우리 가족도 그렇게 되면 얼마나 좋을까'라는 생각이 속마음 한편에 늘 있었는데….

이제는 어느 곳에나 하나님의 부르심을 확인할 수 있고 찾을 수 있다. 그러나 그러한 부르심을 이유로 선교지를 옮기지 않겠다는 의지를 그제야 확고히 할 수 있게 되었다. 특히 치앙마이 기숙사에 아이들을 보내고 돌아올 때 기숙사 생활에 힘들어하는 아이들을 보며 부모의 살가운 돌봄을 주지 못한 안타까움에 집에 도착할 때까지 눈이 퉁퉁 붓도록 울었던 적도 많았는데 그럴 때마다 흔들리지 않도록 중심을 잡아 주었던 말씀이었다.

선교의 사명을 위해 아이들과 떨어져 살아야 했던 그 길이 슬픔의 길이 아닌 영광의 길이라고 분명히 말씀해 주시고 자부심 또한 갖게 해주시니 참 오묘한 하나님이시다. 선택받은 두 암소처럼 하나님의 특별한 선택으로 이 남부로 불러주셨음을 확인시켜 주시기 위해 마치 우리 가족을 위해 성경에 미리 써놓으신 듯했다. 우리는 하나님의 선택 받은 선교사로 이곳에 살고 있는 것이 바로 하나님께서 살아 계시다는 것을 보여주는 것이라고 아들에게 말할 수 있어 참 기뻤다.

처음 남편이 신학생으로 전도사의 길을 갈 땐 전도사의 아내가 되었고, 목사가 될 때는 목사의 아내가 되었다. 남편이 선교사로 헌신하자 선교사의 아내로 바늘 가는 데 실이라서 따라갈 수밖에 없다고 투덜거리며 선교훈련을 받았기에 사무엘서에 기록된 언약궤를 싣고 가는 두 암소의 이야기에 처음엔 그저 타의에 의해 어미 소와 어린 송아지가 헤어질 수밖에 없는 슬픈 상황에 그간의 감정이 겹쳐 눈물이 쉴 새 없이 흘러내렸다. 처음에는 그렇게 그 이야기에 빠져들었다. 하나님의 귀한 사명이 두 암소에게 주어졌음을 오히려 감사해야 함에도 그간 몰랐던 자신이 참 부끄러웠다. 하나님께서는 그런 나를 선교사로 세우셨다. 선교사의 아내뿐만 아니라 아내 선교사요 엄마 선교사로 태국인들에게 든든한 동역자로 자리매김하게 해주신 그 깨달음은 우리 가족을 더 든든히 붙들어 주었고 어떤 상황에서도 감사할 수 있게 되었다.

왜 우리가 이곳에 있어야 하고 왜 우리만 이렇게 살아야 하냐고 했던 그때의 내가, 이제는 우리를 이곳에 있게 하셨고 우리를 이곳에 불러주신 하나님께 진정으로 감사하다고 고백하고 있다. 선교의 길을 함께 걷는 동역자들에게 이 글을 통해 진정 하나님의 부르심에는 후회가 없음을 자신 있게 말하고 싶다.

김미영 선교사

태국주재 한인선교사회 남부지회 소속
사역 도시 나컨시탐마랏
사역 기간 21년 10개월

> 사랑

가난한 카렌교회가 더 가난한 선교사를 돕다

오영철

〈가난한 카렌 교회가 더 가난한 국가 선교사를 돕는 조합: 상호 의존하는 '글로벌 사우스' 선교〉

태국에서 선교사의 사회적 지위는 중산층 이상으로 이해된다. 경제적으로 태국보다 더 안정되고 강한 국가에서 오기 때문이다. 오늘 만난 선교사의 모습은 전형적인 선교사와 대조적인 선교사이다. 경제적으로 안정된 국가에서 파송된 국가에서 온 선교사가 아니기 때문이다. 그들을 돕겠다는 후원자들도 전형적인 선교 후원자와는 거리가 먼 사람들이다. 어떻게 보면 어설픈 선교사와 후원자들의 만남이다.

8월 2일 실로암 신학교 나의 허름한 사무실에서 네 사람이 만난다. 아르헨티나에서 온 줄리오(Julio) 노애미(Noemi) 부부와 파얍 신학교 신대원 2학년 다치 형제 그리고 나까지 네 사람이다. 만남의 목적은 아르헨티나에서 파송된 노애미 가정의 선교 후원에 관한 것이었다. 후원의 대상은 아르헨티나 선교사이고 후원자는 카렌족 형제자매들이다. 올해부터 일부 카렌족들이 노애미 가정을 돕기 시작하면서 그것을 정리하고 앞으로의 방향을 다룰 필요성이 있었기 때문이다. 에어컨도 없는 허름한 사무실만큼 참석자들도 소박하다.

노애미 선교사 부부의 형편을 듣고 싶어서 후원이 어떻게 되는지 질문하였다.

"올해부터 아르헨티나의 마지막 남은 후원교회가 후원을 중단하였습니다."

그녀의 이야기는 그를 파송한 국가의 형편이 얼마나 어려운가를 보여준다. 현재 아르헨티나 경제위기로 국가는 거의 파산 상태이다. 2023년 물가 상승률은 211%이며 올해도 150%를 예상한다. 이런 정도면 정상적인 국가 경제 운영은 불가능하고 일반 서민들의 삶은 피폐할 수밖에 없다. 아르헨티나는 20세기 초 세계 5대 부국이었다. 그런데 최근 십여 년 동안 경제적으로 세계에서 가장 비참한 국가 중 한 나라가 되었다. 이런 상황에서 교인들의 삶도 힘들어지니 선교사를 더 이상 후원할 수 없는 상황이 된 것이다.

그들에게는 선교사로서의 생존이 실제적인 도전이다. 여전히 선교지에 남아 있는 것 자체가 기적과 같다. 작년에 노애미 선교사를 만난 후 어떻게 하면 이들의 선교 여정에 같이 '친구로서의 동행'에 대하여

고민하였다. 카렌족 교인들이 이들을 위한 선교 후원에 참여한다면 예상치 못한 '조합'이 될 수 있다고 생각하였다. '가난한 카렌족'이 '더 가난한 아르헨티나 선교사'를 돕는 조합이다. 이것이 구체화하면 '약한 주변부 선교'의 한 모델이 될 수 있겠다는 생각이 들었다.

 이후로 카렌족 형제, 자매들에게 아르헨티나 선교사를 위한 선교 후원 도전하였다. 장기적으로 볼 때 내가 하는 것보다 현지인들이 주도적으로 참여하고 이끄는 것이 더 중요하다고 생각하였다. 그래서 신학교 미래 교수요원인 '다치' 형제에게 이 사역의 의미와 참여의 필요성을 나누었다. 감사하게도 그가 먼저 헌신하고 신학생들에게 도전을 주었다. 다양한 곳에서 선교 후원 헌신자들이 결단하였고 참여하기 시작하였다.

 선교 후원에 참여하는 카렌족의 모습은 전형적인 선교 후원자가 아니다. 그들은 모두가 그가 속한 사회의 주변인들이다. '한국에서 일하는 외국인 노동자 5명', '태국 중부 파타야 한국인 사업가 집에서 일하는 19세 가정부', '한국에서 대학 입학을 준비하는 19세의 카렌 청소년 두 명', '아신 대학교 대학원에서 공부하는 카렌 학생', '실로암 신학교에 재학 중이거나 졸업한 카렌족 47명', '파얍 신학교 신대원 2학년 카렌 학생'….

 그들은 태국의 소수 부족 카렌족이다. 그들의 헌금 작정 액수도 미미하다고 할 수 있다. 어떻게 보면 그들은 선교의 대상이지 선교 후원에 참여할 후원자로 보이지 않는다. 그들 모두는 그가 속한 사회에서 눈에 띄지 않은 약자들이다.

사도행전에 나타난 전도자들과 선교사들의 모습을 생각한다. 초기 핍박 이후 흩어진 평신도 선교사들은 그들을 위한 후원조직은 고사하고 선교 훈련도 제대로 받지 못했다. 그들은 그들의 직업을 통하여 생존하였다. 때론 핍박이 찾아왔고 투옥되기도 하였다. 로마 시대에 환영받지 못할 때가 많았고, 심지어 순교도 각오해야 했다. 그들은 로마제국의 주로 주변인들이며 약자들이었다. 하나님 나라의 신비는 이런 연약한 그들을 통하여 로마제국에 하나님 나라를 확장했다.

로마의 멸망 이후 유럽으로 복음이 확장되어 갈 때 복음을 전하였던 사람들의 형편도 초대 교회와 큰 차이는 없었다. 상인들과 순례자들은 후원받지 못하였지만 그래도 안전한 편이었다. 일부는 포로로 잡힌 노예들, 첩으로 끌려간 여성들이 복음을 전하였다. 그들은 세상적으로 처량한 그들의 신세를 한탄하지 않았다. 그들은 보이지 않은 영원한 나라와 부활의 소망에 사로잡힌 사람들이었다. 그 소망의 복음을 그들의 침략자들에게 전하였다. 침략자인 게르만족이 복음을 받아들이기 시작한 것이었다. 하나님은 연약한 그들을 통하여 유럽을 복음화의 기초를 놓았다. 경제적, 정치적 힘이 아니라 하나님의 능력이 그 가운데 있었기 때문이다.

가만히 보니 오늘같이 모인 사람들은 초기 기독교나 로마 멸망 이후 전도자들과 매우 닮았음을 본다.

"저는 중국 학원에서 음악 과목을 가르치는 것이 중요한 수입원입니다."

노애미의 남편 줄리오 선교사의 말이다. 모국은 파산되기 직전이고, 교회는 후원하기 어렵다. 그들 스스로 현지에서 수입을 얻고 생활하고 있다. 초대 교회 흩어진 나그네로 살아가는 선교사들의 삶이 그랬던 것처럼 말이다. 하나님은 그들의 헌신을 잊지 않으시고 선교지에서 사람을 붙여 주셨다. 나도 그 가운데 한 사람이라는 것이 감사하다.

"올해 말까지 카렌 성도들과 교인들이 당신들을 위하여 매달 300불을 후원하도록 하는 것이 저의 소망입니다."

"현재까지 카렌 성도들이 매달 약 200불 정도 헌금하기로 약속하였습니다."

지금까지 약속한 카렌 성도들의 선교에 대한 헌신의 상황을 나누었다. 생각보다 많은 카렌 사람들이 참여하고 있다.

"당신들의 후원을 위한 모임 총무는 다치 형제가 섬겨줄 것으로 생각합니다."

다치 형제는 먼저 본을 보이고, 신학생들에게 도전하였다. 이제 후원회 총무로서 섬기기로 한 것이다.

이에 대한 노애미 선교사의 고백이 지금도 기억에 남아 있다.

"무엇이라고 감사를 드려야 할지 모르겠습니다."

"하나님께 기도하고 있었는데 응답해 주셨습니다."

진심을 담은 그녀의 이야기는 그녀를 만지시고 인도하시는 하나님의 임재를 보여주었다.

모임을 정리하면서 이들을 위한 후원회 이름을 나누었다.

"태국 카렌 글로벌 사우스 네트워크"라는 이름을 사용하기로 일단 의견을 정리하였다. 그 이름의 단어들은 그야말로 주변부를 직접 보여준다. '태국 카렌'은 태국에서 주변부이며, '글로벌 사우스'는 세계에서 주변부이다. 그들이 네트워크 한다는 것은 세계 경제, 정치, 사회는 물론 종교에도 아무런 영향도 의미도 없다. 그렇지만 하나님 선교는 매우 다른 역동이 있다. 첩과 포로로 끌려간 주변인을 통하여 유럽을 복음화시킨 하나님의 섭리가 오늘도 여전하기 때문이다. 예상치 못한 약한 자들의 '조합'은 약한 자를 통한 하나님의 선교의 신비함을 깊게 느끼는 자리이다. 그 자리에 같이 참여함은 선교사로서 큰 특권이다. 인간의 상상을 넘어선 하나님의 선교가 이루어지는 자리이기 때문이다.

오영철 선교사

태국주재 한인선교사회 북부지회 소속
사역 도시 치앙마이
사역 기간 29년

`사랑`

산골마을에서 드리는 작은 도시락

전현진

작년 1월에 해발 1,100미터 산골 마을로 이사를 왔다. 소수민족 마을에서 함께 살며 하나님의 나라를 전하는 것이 우리 부부의 오랜 바람이었기에, 기대감을 잔뜩 가지고 산골 마을 생활을 시작했다.

이사 와서 얼마 지나지 않아 눈에 띈 것은 깨어진 가정들이었다. 이곳 동쪽 라와 사람들은 순박한 편이지만, 남자들은 어릴 때부터 술과 마약에 쉽게 노출되기 때문에, 상대적으로 여자들의 인생이 아주 고달픈 편이다. 예전에는 여자들이 경제적으로 자립할 능력이 부족하니, 남편들이 문제가 많아도 참고 살았던 것 같은데, 지금은 도시로 나가 일을 할 수 있기에 예전과는 상황이 많이 달라진 것 같다. 우리 집 주위에 부부가 함께 살면서 아이를 양육하는 집은 거의 없다. 많은 아이가 편부모 혹은 조부모 밑에서 자라든지, 그것도 아니면 가까운 친척 집에 맡겨진다. 이곳은 이런 풍경이 전혀 특별하지 않은 평범한 일상이다.

우리 부부는 부모의 돌봄을 제대로 받지 못하는 이곳 아이들에게 삼촌, 이모가 되어주면 좋겠다는 마음이 들었다. 그래서 어떻게 하면 좋을지 길을 열어 달라고 주님의 인도하심을 구했다. 토요일 오전에 집을 오픈하여 아이들에게 영어를 가르쳐 주면 좋겠다는 마음을 주셔서 주위에 사는 아이들과 이웃들에게 광고했다.

놀이터도 없고, 도서관도 없고, 학원도 없는 이곳에서 그런 특별활동을 하면 어른들이 아이들을 격려해서 적극적으로 보내 줄 것 같았고, 아이들도 외국인과 함께 특별활동도 하고 간식도 먹으니 꾸준히 올 줄 알았던 것은 우리의 완전한 착각이었다.

처음에는 토요일 아침마다 동네 아이들을 부르러 다녔다. 어른들이 아침 일찍 일을 하러 나가고 없는 상황에서, 오전 10시를 기억해서 오는 아이들이 거의 없었기 때문이었다. 순순히 따라오는 아이들도 있었지만, 면전에서 거부하는 아이들을 보면 힘이 빠졌다. 어떤 날은 아이들에게 거절당하는 것이 상처가 되어서 주님께 "오늘은 안 데리러 나갈 테니 아이들을 보내 주시든지 마시든지 주님이 알아서 하세요."라며 생떼를 부리는 날도 있었다.

작년 5월부터 토요일 오전 영어반이 이렇게 시작되었다. 아이들과 친밀한 관계를 맺어 나가는 데는 시간이 좀 걸렸지만, 어느 순간부터는 부르러 가지 않아도 꾸준히 오는 아이들이 생겼고, 옆 마을 아이들도 몇몇 오기 시작했다.

동쪽 라와 민족이 사는 마을 13개 중, 우리가 사는 산속에 마을 세 개가 붙어있다. 그리고 우리가 알기로는 이 세 마을에 기독교인은 없다. 마을마다 절이 있고, 절을 중심으로 많은 행사들이 진행되기 때문에 겉으로는 라와 사람들의 종교가 불교인 것 같지만, 실제로는 귀신을 더 많이 섬기는 민족이다. 그러다 보니 외부에서 들어오는 영, 특히 기독교에 대해 적대심이 많은 것 같다.

토요 어린이반을 하면서 아이들에게 복음을 전하고 싶은 마음이 굴뚝같았다. 그러나 마을 사람들과 좋은 관계를 맺기도 전에 복음을 전했다가, 혹시라도 마을에 물의를 일으키면 안 되었기 때문에 지혜가 필요했다. 그래서 주님께 기도했다. "성탄절 때 복음을 전할 수 있게 해주세요. 그리고 한 명이라도 복음에 관심이 있는 아이가 생기면 그 아이를 데리고 성경이야기반을 시작하겠습니다."

성탄절 전에, 주님께서는 아이들이 우리에게 마음을 활짝 열 수 있는 좋은 기회를 주셨다. 치앙라이에서 사역하면서 라와 민족을 위해 함께 기도하는 선교사님 가정이 세 가정 있는데, 그 팀이 11월에 이곳을 방문했다. 차량 두 대에 아이들과 함께 만들 쿠키, 음료수, 팝콘 재료들과 기계들, 또 아이들과 동네 사람들에게 나눌 선물 보따리들을 가득 챙겨 먼 길을 와 주었다. 쿠키와 음료수 만들기, 맛있는 점심에 축구교실까지 하고 선물도 두둑이 받은 아이들이 우리와 함께하는 특별활동에 대해 기대감을 갖기 시작했다.

기독교에 대해 적대심이 있다 하더라도, 성탄절에 그날이 무슨 날인지에 대해 가르치는 것은 큰 문제가 되지 않으리라는 생각이 들었다. 그래서 성탄 특별행사를 하겠다고 아이들에게 광고했다. 드디어 성탄 행사를 하는 토요일이 되었고, 30여 명의 아이들이 우리 집을 꽉 채웠다. 하나님께서 천지를 창조하신 것부터 예수님의 재림까지(C2C: Creation to Christ) 그림을 그려 가며 복음을 전했고, 아이들이 들은 내용을 잘 기억할 수 있도록 상품을 걸고 OX 게임도 했다. 특별행사에는 음식과 선물이 빠질 수 없기에 한국 음식으로 잘 먹이고, 집에 돌아갈 때 선물 보따리까지 들려주었다. 그렇게 아이들과 함께 특별한 예수님 생일잔치를 했다.

그 후, 두세 아이가 간간이 예수님 이야기를 하곤 했는데, 별다른 주의를 기울이지 않은 채 한 달이 지나갔다. 그리고 이번에는 주님께서 고향교회 중고등부 학생들을 특별팀으로 보내 주셨다. 이번에는 동네 아이들과 더불어 이웃 어른들도 집으로 초대하여 단기팀과 함께 여러 가지 특별활동을 했다. 그 시간에 복음 팔찌도 함께 만들며, 다시 한번 복음을 전하는 기회를 가졌다.

그 후에 한 아이가 십자가에 달리신 예수님 그림을 색칠하고 싶다 해서 출력해 주었더니, 자기 집 대문 옆에 자기가 만든 대나무 십자가와 함께 그 그림을 붙여 놓았다. 그 모습이 너무 예뻤고, 우리 동네에 달린 최초의 십자가가 아닐까 생각하며 너무 기뻤지만, 그것이 성경이야기반을 시작해도 좋다는 주님의 사인인 줄을 알아차리지 못한 채 또 시간이 흘렀다.

그러던 어느 날 그 아이가 또 예수님에 관해 얘기하는데, 문득 주님께서 "한 명이라도 복음에 관심이 있는 아이가 있다면, 그 아이 데리고 성경이야기반을 시작하겠다고 하지 않았니?"라고 말씀하시는 것 같았다.

십자가를 대문에 걸었던 그 아이와 누나에게 토요일 오후에 예수님 이야기를 들려주겠다고 했다. 다른 아이들에게까지 광고를 하기에는 아직 이른 것 같아서, 그 두 아이와 우리 옆집에 사는 아이 엄마에게만 알렸다. 우리 집에서 뭔가를 하는데 자기 아이들을 안 부르면 섭섭할 것 같아서 얘기했는데, 얘기를 듣자마자 바로 자기 아이들에게 "너희도 가라."라고 해서 한편으로는 놀라웠고, 한편으로는 기뻤다.

이렇게 올해 3월 중순부터 토요 오후 성경이야기반은 시작되었다. 주님의 응답을 받고 시작했으니, 그 아이들이 시간 맞추어 와주고 말도 잘 들으면 좋겠지만, 그리 순탄하지만은 않았다. 강제성이 없기에 부르러 갈 수도 없어 어떤 날은 '한 명이라도 보내 주시면 하고, 안 보내 주시면 안 합니다.'라고 기도하면서 아이들을 기다리기도 했다. 오후 4시에 시작해서 마치고 나면 아이들에게 저녁을 주었다. 밥을 해주려고 했는데 아이들이 한국 라면이 먹고 싶다고 해서, 지금까지 토요일 오후는 한국 라면 먹는 날이 되었다.

찬양 시간에 찬양하고 율동은 잘 따라 하는데, 성경이야기 듣는 시간에는 아이들 몸이 뒤틀린다. 어떤 날은 너무 말을 안 들어서 눈물이 날 것 같은 날도 있었다. 너무 힘들 때가 있었는데, 그때 주님께서 마치 이렇게 속삭이시는 것 같았다. "딸아, 하나님 모르던 아이들 입에서 '하나님이 우리와 함께하신다'라는 말이 나오고, 찬양이 나오면 된 거지,

너무 조급해하지 마."

　6월 말에는 선배 선교사님이 단기팀을 데리고 우리 마을을 들러 주셨다. 목적지까지 가는 지름길을 놔두고 멀리 돌아가는 수고를 아끼지 않은 것도 감사한데, 우리 동네 사람들에게 나눠 줄 식용유까지 한가득 싣고 와 주셨다. 우리 집에서 잠시 라와 민족을 소개하고 사역 나눔을 한 후, 뜨겁게 기도하는 시간을 가졌다. 주님께서 성경이야기반을 열어 주신 것을 나누면서 아이들이 한국 라면을 좋아한다고 했는데, 단기팀이 떠나기 전에 우리 아이들을 위해 한국 라면을 15팩이나 주고 갔다. 저녁때 단기팀을 생각하며 기도할 때, 꺼내 놓고 간 한국 라면이 생각나면서 문득 주님께서 이렇게 말씀하시는 것 같았다. "내 아이들을 사랑해 주고, 먹여주어 고맙다."

　한국 라면 먹는 것이 소문이 나서 그런지, 아이들이 점점 많아져서 지금은 15명 이상은 모이는 것 같다. 찬양하는 것도 많이 익숙해져서 이제는 제법 큰 소리로 찬양을 한다. 동네에 찬양 소리가 울릴 때, 나도 이리 좋은데 우리 주님은 얼마나 더 좋으실까? 성경이야기반에 어른들도 참여하게 되고, 이 모임에 오는 아이들과 어른들이 주님의 제자로 자라 우리 동네에도 주님의 교회가 세워지는 꿈을 꾸어 본다.

　나는 개인적으로 오병이어 사건을 참 좋아한다. 거기에는 오천 명이 넘는 사람을 먹이기에 턱없이 부족한 도시락을 기쁘게 받아 주신 예수님이 계시고, 그 도시락이 얼마나 부족한지도 모른 채 그저 예수님께

선뜻 도시락을 드린 아이가 있기 때문이다. 그 아이는 자기의 작은 도시락이 오천 명이 넘는 사람들을 먹이고도 남는 기적의 도구가 될 거라고는 상상도 못 했을 것이다.

나는 내가 꼭 그 아이인 것 같다. 영어도 못 하는 내가 '영어'라는 도시락을 주님께 드려 어린이 영어반을 열고, 태국어도 유창하지 않으면서 '태국어'라는 도시락을 드려 성경이야기반을 한다. 나의 도시락뿐만 아니라 우리 마을에 직접 오거나, 기도와 후원으로 자기의 도시락을 기꺼이 나눠 주는 사람들도 있다. 주님은 우리가 드리는 작은 도시락을 작다고, 초라하다고 거절하시는 것이 아니라, 오히려 기쁘게 받으시고 이곳 아이들을 먹이시는 분이시다.

주님께 도시락을 드리는 나와 동역자들의 소망은 하나일 것이다. 비록 내 도시락이 작고 초라해서 내어놓기에 부끄러울지 모르나, 주님께 드리면 주님께서는 오천 명을 먹이는 기적의 도구로 사용해 주실 것이라는 것. 이 소망으로 우리 부부는 오늘도 이 산골 마을에서 우리의 작은 도시락을 열심히 나누고 있다. 지금 우리의 도시락으로 먹이는 아이들은 소수이지만, 누가 알겠는가? 주님께서 이 아이들을 통해 오천 명을 먹이실지!

전현진 선교사
태국주재 한인선교사회 북부지회 소속
사역 도시 치앙마이 암퍼 훗
사역 기간 5년

사랑

프랑지파니

이석종

아내가 한국에 들어간 지 10주가 지났다. 처음에는 안식년을 맞아 홀로 계신 장모님과 시간 좀 보내라고 한 달의 시간을 계획하고 보냈던 터였다.

"여보, 이참에 들어가서 어머님이랑 시간 좀 갖고 와. 우리 선교지 나오고 한 번도 그런 시간 없었잖아. 장모님 모시고 여행도 좀 다녀와. 애들은 학교 다니는 것만 내가 잘 챙겨볼게."

아내는 엄마와 단둘이서만 보내게 될 시간을 몹시도 기대하며 치앙마이 공항 출국장을 들어갔다. 아내가 인천공항에서 장모님을 뵈었는데, 무언가 심상치 않음이 느껴졌다고 한다. 과하게 말라버린 몸, 그에 비해 과하게 불룩 튀어나와 있는 배, 그리고 계속 되는 구토증상… 장모님은 동네병원에서 역류성 식도염이란 진단을 받았다고 하셨다. 아내는 장모님을 반강제로 끌고 가다시피 하여 좀 더 큰 병원을 방문하였다. 위암이었다. 수술 날짜를 잡고, 아내는 계획했던 일정을 변경하여 한국에 더 오래 있어야만 하였다. 위를 떼어내는 수술 후 수술이 잘되었다고만 들어서 모든 것이 괜찮을 줄 알았다. 그런데 며칠 뒤 의사가 아내만 불러서 수술 후 조직 검사 결과 전이 소견이 보인다 하였다. 그리고 자궁암도 있었지만, 그쪽은 가볍게 여겨질 정도였다.

한 달, 아니 몇 주 만에, 갑자기 일상이 폭풍 한가운데로 들어간 배가 된 기분이 들었다. 아내는 한 번도 엄마와의 단둘의 시간을 가져본 적이 없었다. 아내는 8년 전 아버지를 간암으로 먼저 하늘나라로 보내드렸다. 장모님은 혼자 계시지만 늘 괜찮다고, 잘 산다고만 하셨다. 그 밝은 목소리 때문에, 이런 시간이 우리에게 닥쳐왔다는 것이 우리에겐 너무나 갑작스럽고, 낯설고, 이질적으로만 느껴졌다.

아내는 의사로부터 장모님의 전이 소식을 듣고, 나에게 전화를 걸어 흐느껴 울었다.

"내가 선교산데… 너무 하나님에 대한 믿음이 없어…"

아내가 흐느끼며 했던 여러 말들이 있었지만, 이 말이 제일 기억에 남는다. 그렇다. 우리의 믿음은 결국 이런 상황 앞에서는 한 줌의 모래와 같은 것이었다. 하나님은 그 한 줌의 모래 같은 믿음을 그동안 귀하게 봐주셨었구나.

"여보, 여기는 아무 신경 쓰지 말고 장모님이랑 할 수 있는 거 다 하고 와! 언제 돌아와도 아무 상관 없으니, 할 수 있는 만큼 다 하고 돌아와!"

나는 담담하고, 강한 척을 하려 애썼다. 전화를 끊고, 설거지를 하는데 자꾸만 눈물이 났다.

'하나님… 어떡하죠? 좀 도와주세요… 우리 아내 이제 정말 아버지도 어머니도 없이 혼자 남게 되면 불쌍해서 어떡하죠? 하나님… 장모님 좀 살려주세요…'

나는 아이들이 있는 데서 우는 모습을 보이기가 싫었다. 그래도 훌쩍이는 소리가 들렸는지, 나중에 아이들이 아빠 울었냐고 물어본다. 나는 대략적인 상황을 이야기하고, 엄마가 돌아오는 날이 더 늦어질 것 같다고 했다. 언제 돌아온다는 날짜의 기약도 어렵고.
첫째는 애써 모든 상황을 가볍게 받아들이려는 듯하다. 다 괜찮다고만 한다. 둘째는 좀 더 감정에 솔직한 편이다. 엄마가 돌아왔을 때 해야 할 것, 챙겨야 할 계획들이 다 어그러진 것이 내심 속상한 듯 기분이 안 좋아 보인다.

'아내가 돌아올 때까지, 잘 살아내야 한다…'

밤에 아이들을 재우고, 남은 생활비 재정들을 꺼내어 다시 새로운 한 달의 가계부를 만들었다. 정해진 재정을 가지고 한 달의 빡빡한 지출 계획을 세우고, 그것을 지켜가며 하루하루를 살아가는 것이 이렇게 힘든 것인 줄 미처 몰랐다. 몸으로 하는 일들이야 몸으로 하고 피곤하면 끝이지만, 머리를 싸매고, 답이 잘 안 나오는, 난이도 높은 퍼즐 같은 재정계획을 이리 맞추고 저리 맞추는 것이 큰 스트레스다.

'그간 여보가 참 고생이 많았었겠네…' 속으로 혼자서 마음을 전해본다.

시간이 흐를수록 내가 아이들에게 짜증을 내는 횟수가 점점 많아져 갔다. 아이들이 엄마가 없으면 좀 더 나를 잘 도와주었으면 했다. 좀 더 불편함을 감수해 주었으면 했다. 조금만 더 우리의 짐을 나누어져 줬으면 하는 바람이 있었다. 물론, 그렇게 하였을 것이다. 그런데 내 마음이 여유가 더 없었다. 평소에 소소하게 즐기던 취미도 손이 가질 않았다. 일상 자체에 피곤함이 따라다녔다. 멍을 때린다고들 하는, 너무 많이 떠오르는 생각을 지우고자 의식적으로 아무런 생각을 하지 않으려 하는 시간이 잦아졌다. 길이 막혀서, 차가 움직이지 않는 공백의 몇 분은 창밖을 보며 멍때리기에 아주 좋은 시간이었다.

하루는 그렇게 또 한 번 멍을 때리려고 창밖을 보던 중, 차창 문 바로 앞에 꽃집을 보게 되었다. 어떤 꽃 하나가 소담하나 정갈하게, 그러나 결코 다른 꽃의 배경이 되지 않을 것처럼 피어나 있었다. '저 꽃은 어떤 향을 낼까?' 오랜만에 일상에 궁금증이 찾아든다.

차를 돌려, 그 소담하게 분홍색 꽃들을 피운 화분 하나를 사들고 돌아왔다. 가격이 채 100밧도 안 되었다. 앞마당 손바닥만 한 정원에 그 화분을 놓고 꽃에게 이름도 지어줬다. '꽃분이.' 내가 생각해도 너무 유치한 이름이다! 근데 유치하면 어떠한가. 내가 혼자 부르는 이름인데…. 옛날 우리나라 어른들은 이름을 좀 보잘것없이 지어야 잘 살고, 오래 산다고 생각하였다 한다. 나도 그래서 최대한 유치하게 막 지었다.

꽃분이는 우리 정원에 더할 나위 없이 잘 어울렸다. 그 은은하고 화려하지 않은 향은 이상하게 밤에만 나는 듯했다. 그래서 일부러 아이들을 재운 후 밤에 한 번씩 정원을 왔다 갔다 한다.

아침에는 잘 열어젖히지 않던 커튼을 활짝 열고, 창밖으로 햇볕을 받고 있는 꽃분이를 바라본다.

꽃분이가 온 뒤로, 이른 아침 커피를 들고 목욕탕에서 주로 쓰는 앉은뱅이 의자를 마당에 놓고 앉는다. 꽃의 분홍을 감상하며 커피를 마시는 시간은 하루 중 가장 소소하지만, 가장 기분 좋게, 우울감을 씻어주는 시간이 된다.

밤에 비가 많이 오면, 너무 많은 비에 그녀석의 고개가 꺾여버릴까 봐 자다가도 나가 본다. 낮에 너무 많은 해가 내리면, 그의 잎이 마를까 봐 그늘을 만들어 준다. 아내가 돌아왔을 때, 이 꽃을 보고 좋아할 것을 혼자 상상하며, 나는 우리 정원의 귀한 손님을 나름대로 정성을 다해 돌보았다.

그러나, 화무십일홍이라 하였던가…. 나는 일평생 흙에서 살아가는 그 무언가를 위해 손에 흙을 묻혀 본 일이 거의 없던 사람이다. 무슨 일이든 마음의 애씀과 정성이 필요하지만, 무슨 일이든 마음의 애씀과 정성만으로는 다 되지는 않는다. 나는 원예에 관해서는 너무나도 미숙한 사람이었다.

"나 돌아갈 날짜 정했어. 어차피 엄마가 계속 항암치료를 해나가려면 내가 옆에서 해줄 수 있는 건 다한 거 같아."

아내는 나와 아이들이 가장 듣고 싶어 했던 그 말을 수화기 너머로 전해주었다. 그렇다! 이제 곧 아내가 돌아온다! 그리고 그 말이 마치 무슨 마법의 주문이나 된 듯, 그때부터 마법의 주문을 들은 꽃분이는 그 잎의 색이 갈색으로 변해가기 시작했다. 아내에게 꼭 보여주고, 소개해주고 싶었던 그 무언가이기에, 그리고 나에게 일상의 색과 향을 회복시켜주던 그 무언가이기에, 나는 꽃분이를 살려보려고 부단히도 노력했다.

그러나 한번 지기를 시작한 꽃은 다시 피어나지 않았다. 문득 사진 한 장도 찍어 놓지 않았다는 것을 깨달았을 때, 잠깐의 자책이 들기도 하였다.

'근데, 이 꽃은 도대체 이름이 뭐지?'

나는 꽃분이의 꽃이 다 떨어지고 나서야, 그의 이름이 궁금하였다.
프랑지파니, 혹은 플루메리아, 태국어로는 릴라와디… 이 꽃의 꽃말은 '나에게 와줘서 고마워요, 당신을 만난 것은 행운입니다.'였다. 핸드폰으로 검색해 본 꽃말의 문장을 괜히 한번 손으로 문질문질 해 본다.

치앙마이 공항에서 오랜만에 만난 아내를 오랜 시간 안아주었다. 아내의 눈시울이 붉어졌다. 역시 집에는 엄마가 있어야 한다. 아이들의 목소리, 집안의 온기, 색채가 달라진다.
다음 날 아침, 아내와 커피를 들고 집 마당으로 나갔다. 그리고 보잘것없이, 몇 개의 잎만 간신히 달려있는 꽃이 없는 꽃나무를 아내에게 보여주었다.

"어머나! 못 보던 화분이네.."

몇 주 전만 해도, 아니 최소한 며칠 전만 해도 훨씬 아름답고, 향기로웠을 터이나, 지금은 보잘 것 없어진 꽃나무를 향해서도 아내는 관심을 보여준다. 왠지 그 사실이 가슴에 쓸쓸함과 서운함을 남긴다.
그 쓸쓸한 감정 때문이었을까.. 화분을 구석구석 구경하고 있는 아내에게서 등을 돌려 그냥 먼저 집 안으로 들어가고자 하는데, 순간, 아내의 반가운 목소리가 등 뒤에서 들린다.

"어머, 여보! 여기 쪼끄만 꽃봉오리가 올라온다! 너무 이쁘게 올라오네! 잘 자라서 활짝 펴라~"

아내가 새로운 마법의 주문을 걸었다. 그 소리에 발걸음을 멈추고, 알 수 없이 찡-해오는 기분을 느낀다. 꽃분이는 한 번도 그 삶이 끝난 적이 없었는데, 나는 내 맘대로 그의 생을 끝난 것처럼 여겨버린 것은 아닐까? 나는 역시 원예 하는 사람으로서는 빵점짜리였다.

꽃나무에 꽃이 없다 하여 죽은 것이 아니다. 꽃나무에 꽃이 진다 하여 그의 생이 끝나가는 것 또한 아니었다. 한 꽃이 피고 지는 것은 책의 한 페이지와 같았다. 한 페이지의 넘어감이 그 책의 전부의 끝남이 아니듯이, 떨어진 한 꽃이 그 꽃 전부의 끝은 아니다.

나는 그제야, 다시 설레는 마음을 담아 아내에게 꽃분이를 정식으로 소개했다.

"여보 그 꽃의 이름은 꽃분이야. 내가 지어줬어. 프랑지파니, 플루메리아, 태국어로는 릴라와디래. 그리고 그 꽃의 꽃말은…"

나는 살짝 알 수 없이 메어오는 목소리를 가다듬고 말을 이었다.

"나에게 와줘서 고마워요, 당신을 만난 것은 행운입니다!"

이석종 선교사

태국주재 한인선교사회 북부지회 소속
사역 도시 치앙마이
사역 기간 17년 9개월

> 사랑

기다림의 사역

김농원

오늘 제2시찰에 속한 교역자들과 모임이 있는 날이었다. 이곳 암퍼판에서 사역을 시작하면서 가지게 된 첫 모임이었다. 참석 대상자는 담임목회자 3명이였다. 제2시찰 안에 교회는 모두 7개였지만 3교회만이 목회자가 있고 나머지 교회는 목회자가 없는 실정이다. 처음 가지는 모임이어서 긴장 아닌 긴장이 되었다. 두 주전에 약속을 했는데 모임을 가지는 자체가 힘이 든다는 느낌을 받았기 때문이다. 시찰장에게 미리 말을 하니 모이는 목적이 무엇이고 대상은 누구며, 어떻게 진행을 하는지에 대해서 정식으로 4시찰모임이 있을 때에 건의를 하고 동의를 받아야 하는 절차에 대해서 말을 했었다. 속으로 생각건대 개인적인 모임인데 정식회의를 거쳐 허락을 받아야 하는가 반문하면서 조금 기분이 좋지 않았다.

여기에서 태국교회의 한 단면인 장점이면서 단점을 생각해 볼 수 있다. 무슨 일이든 어떤 모임이건 즉흥적으로 하는 법이 없다. 어떤 사소한 것을 하려고 해도 회의 과정을 거쳐서 서로가 합의가 되어야만 한다. 큰 장점이다. 그러나 반대로 단점이 되기도 한다. 일에 진전을 가져오기가 힘들다. 발등에 불이 떨어졌는데도 불구하고 급하지 않다. 여기에 반하여 선교사들은 전반적으로 성격이 급하고 즉흥적이고 감정적인 부분이 강하다. 그러나 단순하면서 추진력 있게 밀고 나가는 것이 장점이라고 볼 수 있다. 반하여 이들은 그렇지 않다. 어떤 계획을 가지고 '이렇게 했으면 좋겠다.'라고 하면 '다음 달에 제직회 모임이 있으니 그때 같이 의논해 보자'라든지 해서 즉석에서 동의하여 시행하지 않는다. 일반적으로 한국선교사들이 가지고 있지 못한 좋은 점이라고 생각한다. 그러나 그 반면에는 일이 제대로 진행이 되지 않고 오랜 시일이 지나면서 그냥 그대로 넘어가 버리는 경우가 많다. 이들의 좋은 점과 선교사들의 좋은 점이 잘 조화를 이루어내면 멋진 작품이 나올 것 같다는 생각을 여러 번 해 보았다.

아무튼 이러한 절차를 거치는 것이 이들의 방법이니 그대로 따르는 수밖에 없다. 그래서 2주 후에 있을 4시찰 회의를 앞에 두고 이러한 것도 의논하고 어떻게 모임을 가질 것인가를 의논하기 위해서 먼저 교역자들을 찾아 가서 취지를 말하고 오늘 그 모임을 가지기로 한 것이다.

그런데 며칠 전에 우리가 모임을 가지기로 한 그날에 노회주관으로 부흥회 준비를 위한 기도회를 한다고 교역자들을 노회 사무실로 청했다고 하니 날자가 겹쳐서 또 마음이 찝찝해졌다. 왜냐하면 노회사역에 선교사가 우선순위를 두고 참여해야 하는데 자기 개인적인 일로 참여를 하지 않으면 그것도 본이 되지 못하기 때문이다. 더구나 목회자들을 기도회 모임에 못가도록 만드는 격이 되니 입장이 난처해졌다. 그러나 거기에 참석 안 하자니 그렇고 모임을 연기하자고 하니 처음 계획한 것인데 다른 사람에게 신뢰감을 잃어버릴 것 같고… 모르는 척하고 그대로 진행하기로 했다.

그런데 또 문제가 생겼다. 어제 던깨우 교회를 방문했을 때에 우연히 아짠 쌈랍(판교회 담임 교역자)을 만났는데 대뜸 하는 소리가 "아짠! 킴 미안한데 내일 모임에 참석을 못 할 것 같아요. 우리 집에서 기르는 닭들이 비가 계속 오니 힘이 없고 병이 들 것 같아 내일 아침부터 체력을 도울 수 있는 예방주사를 주러 가야 할 것 같아요." 키우는 닭에 예방주사… 뭐라고 대답해야 할지 순간 말문이 막혀서 멍하니 있다가 "마이 뺀 라이, 옷깟나 쩌깐익 꺼 다이" 하고 말았다. 번역인즉 "괜찮다. 다음 기회에 또 만나면 된다."라는 말이다. 돌아오는 길에 많은 생각을 하게 했다. 닭 키운다고 저렇게 애지중지하는데 맡겨진 양 무리들은 저처럼 돌아보고 있나. 무언가 잘못돼도 많이 잘못됐지. 기운이 쭉 빠졌다.

그러나 한편으로는 이해가 되기도 한다. 한국교회 목회자와 비교해 본다면 상상도 할 수 없는 일이지만 그러나 태국교회 특히 시골지역에서 사역하고 있는 목회자들의 많은 수가 농사일을 겸하여 목회사역을 한다. 산족마을 목회자는 거의 다 그렇다. 왜냐하면 교회에서 목회자의 생활에 대하여 전적인 책임을 질 수 없기 때문이다. 그러니 풀타임 목회자이지만 선교사의 관점으로 보았을 때는 파트타임 사역자인 셈이다.

교회의 문화와 전통이 처음에 어떻게 세워지는가가 참으로 중요하다. 이러한 바탕을 가지고 수십 년 되어 내려왔으니 그것을 바꾸려고 하는 것은 바위로 돌 깨는 격이 되고 만다. 목회자가 목회자로서의 역할을 감당할 수 없다. 목회자는 기도와 전도하고 성경을 가르치는 일에 전무해야 하는데 아쉬운 점이 많다.

교회에서 이루어지는 행정적인 일에는 교역자가 참여하기가 어렵다. 제직회 회장이 평신도가 되고 교역자는 제직회에도 참여하지 못하는 경우도 있으니 교회가 재정적으로 어떻게 돌아가고 있는지 전혀 모르는 교역자들도 많이 있다. 한 주일에 한 번밖에 없는 주일설교도 목회자가 모든 주일설교를 책임지고 하는 교회가 별반 없다. 어떤 교회는 한 달에 한 번밖에 설교하지 않는 교회도 있다. 장로들이 돌아가면서 혹은 외부에서 강사를 청하여 설교를 듣는다. 이들은 속으로 왜 한 사람의 설교만 계속 듣고 있어야 하는가 생각한다. 그러나 목회자가 없는 교회의 경우는 어쩔 수 없다.

아무튼 태국적인 상황에서는 이것마저도 이해가 된다. 왜냐하면 위임목사제도가 없다. 2년 혹은 3년 사역을 하다가 다른 사역지로 목회자가 떠난다. 그래서 그때를 위하여 평신도들 스스로 성경을 가르치고 설교 연습을 하여 그날을 준비해야 한다. 아무튼 선교사 입장에선 태국 상황을 이해하면서도 무엇이 올바른 것인지 혼란스럽다.

만나기로 한 날 아침이 되었다. 그래도 두 사람이 오기로 약속을 했으니 오겠지 하면서 기다리고 있었다. 10시에 만나기로 했는데 아무도 오지 않는데 잠시 후에 전화벨이 울려서 전화를 받으니 아짠 불르안(윗 타야탐 교회 목회자)이다. 말인즉 차 시동을 걸고 출발하려고 하는데 시동이 안 걸리고 차가 고장이 나서 오지 못하겠단다. 순간 주여 소리가 나온다. 주님 정말 교역자 모임을 시작하려고 하는데 왜 이렇게 걸리는 것들이 많이 있습니까? 어떻게 교통정리를 해주십시오. 저절로 기도가 나왔다. 그리고 하나님께서 이 모임을 기뻐하신다는 확신을 가지게 해 주셨다. 전화를 끊고 나서 약 10분이나 지났을까 다시 전화가 왔다. 말인즉 교회 장로님 한 분이 마침 암퍼 판까지 볼일이 있어 나가게 되었는데 암퍼판까지 태워주기로 했으니 갈 수 있단다. 할렐루야! 주님께서 간섭해 주셨다. 그런데 또 약속한 다른 한 사람(아짠 싸왓, 던깨우 교회 목회자)은 벌써 나타나야 하는데 아직 나타나지 않고 있으니 주님 어떻게 해 주십시오. 위층에서는 아짠들이 왔냐고 재촉하는 듯이 물어 온다. 그리고 약 30분 후에 두 사람의 목회자가 우리 집 열린 현관문으로 들어서면서 인사를 한다. 아짠 불르안이 오는 길에 아짠 싸왓을 픽업해서 왔단다. 그동안 하나님께서는 기도하게 만드셨다. 기도 없이 하나님께서 기뻐하시는 일들을 할 수 있겠는가.

하나님께서 기뻐하시는 조그마한 한 가지의 일을 성취시켜 나가려고 할 때에 영적인 방해를 무척 많이 받게 된다. 먼저 뜻대로 되지 않게 되니 감정적인 부분에 영적인 시험이 찾아오게 되고 입을 열어 대화하는 말투가 벌써 공손해지지 못하고 도전적이 되고 상대방으로 하여금 감정적인 부분을 자극하게 되니 결국에 가서는 목적을 달성하지 못하고 영적 싸움에서 져버리고 마는 것이다. 인내하고 기도하면서 그냥 기다리는 것이 가장 좋은 방법인 듯하다. 왜냐하면 오늘 못 하면 내일 하면 되니깐. 그리고 나의 일이 아니고 주님의 사역인 까닭이다.

아무튼 암퍼 판에서 첫 하나님의 사역자 모임을 이루어 내면서 아짠들과 함께 영적 싸움에 대해서 말씀을 나눌 수 있었고 실례로 지금까지의 된 일들을 의미 있게 나누어 주었다. 그들도 충분히 공감하게 되었고 영적 싸움에 대한 간단하면서 실질적인 부분을 이야기하면서 앞으로의 모임을 위해서 기도할 수 있었다.

일반적으로 태국 사람들과 모임이나 혹은 훈련을 시키게 되면 보편적으로 이들은 모이는 시간은 분명치 않은데 반하여 끝나는 시간은 칼이다. 프로그램에 정해진 시간이 지나면 어김없이 벨을 울린다. 시간이 지났다는 것이다. 만약 벨소리가 울렸음에도 불구하고 강의가 지속이 되면 그다음부터는 관심이 전혀 없다. 늦게 시작했으니 늦게 마치는 것이 합리적이고 타당함에도 이들은 이것을 수용하지 않는다. 만약 휴식한 후 10시에 모임을 계속한다면 이들은 쉬는 시간을 이용해서 커피를 마시면서 대화를 나누는데 10시가 되어도 일어날 생각을 하지 않는다. 10시가 넘어서야지 그때야 이들은 일어나서 컵 정리하고 느슨한 걸음으로 강의실을 향하는 것이 보통이다. 시작시간은 없어도 끝나는 시간은 이들에게 확실하다. 무슨 회의든 간에 정한 시간이 되면 어김없이 끝내는 것이 이들의 장점이며 동시에 단점이 되어 기도한다.

이렇게 지난 1999년 치앙라이 암퍼판에서의 나의 사역은 인내와 기다림의 사역이다.

김농원 선교사

태국주재 한인선교사회 북부지회 소속
(현재 2024년 태국주재 한인선교사회 회장)
사역 도시 치앙마이
사역 기간 30년

> 사랑

나의 첫 솜땀, 그 이후… (부제: 찬란한 두 여인)

박경화

하늘이 유난히 파랗고, 햇볕이 따갑게 내리쬐던 날, 아기를 안고 탄 오토바이는 무서운 속도로 달리고 있었다. 얼마나 빠르게 달리는지 눈을 뜰 수 없을 정도였다. 어디에 살짝이라도 부딪히면 하늘로 튕겨 날아갈 것 같았다. "오, 주여! 주여!"를 연발하며 한참을 달려 도착한 곳은 롭부리 교회였다. 태국어 공부를 막 시작한 시점이라 뭔 말인지 알아듣지 못하고 예배를 드렸다. 그래도 나름, 열심히 들으려고 애썼다. 설교 시간에 그저 들리는 소리가 "똥… 똥… 똥… 똥깐… 똥깐…"이었다. '태국어엔 똥이 진짜 많구나. 무슨 똥이 이렇게 많을까? 똥깐이 뒷간은 아닐 텐데, 무슨 뜻일까?'라고 마음속으로 생각하고 있었다. 나중에 보니 똥(떵)은 '~해야 한다'는 뜻이었다. "기도해야 합니다. 성경을 읽어야 합니다." 똥(떵)깐은 '~필요하다'는 뜻이었다. 그렇게 '똥(떵)과 똥(떵)깐은 잊지 못할 나의 처음 태국어 단어가 되었다.

롭부리 교회에서는 찬양할 때 태국 전통악기로 연주하였다. 태국 성도님이 나무로 만든 실로폰 같은 악기를 치고 있었다. 그의 손가락은 온전치 못했다. 문둥병자로 여러 개의 손가락이 반쯤 잘려 있었다. 그 손가락으로 채를 잡고 나무로 된 실로폰(라낫)을 치며 하나님을 높이고 찬양하는 모습에 가슴이 뭉클하였다.

'아, 어떤 모습이든지 마음을 다해 하나님을 높이고 찬양할 수 있구나. 비록 온전치 못해도 중심을 보시는 하나님이 기뻐 받아 주시겠구나.'

예배가 끝나고 점심시간이 되었다. 교회에는 에어컨도 없고 테이블도 없이 바닥에 음식을 놓고 앉아 밥을 먹어야 했다. 남편은 다른 곳에 갔고 나는 아기랑 앉아 있는데 너무 덥고 힘들었다. 아무도 내 옆에 오지 않아 쓸쓸함을 느낄 무렵, 한 태국인 아주머니가 밥과 반찬을 들고 내 앞에 앉았다. 쳐다보니 그 아주머니 얼굴이 온전치 않았다. 문둥병자여서 코도 반쯤 없고 손가락 마디, 마디도 잘린 것처럼 온전치 못했다. 나는 속으로 '같이 밥을 먹어도 괜찮을까? 병이 옮지 않을까?' 하는 생각이 잠시 들었지만 어쩔 수 없이 그 아주머니랑 함께 밥을 먹게 되었다.

아주머니는 얼굴도 손가락도 온전치 못했지만, 그 얼굴에 띤 미소는 나의 마음을 참 따뜻하게 했다. 함께 밥을 먹으며 처음 본 반찬을 먹는데 그 맛이 매콤하면서 새콤달콤했다. 솜땀(파파야 샐러드)이었다. 따스한 미소를 짓던 아주머니와 함께 처음 먹어본 솜땀은 정말 맛있었다. 너무 매워서 혀가 마비되고 눈물이 날 정도였다. 연신 찬물을 들이키는 나를 보며 아주머니는 하얀 이를 드러내며 웃었다. 혀를 내밀고 부채질을 하며 그 매운 솜땀을 먹고 또 먹었다. 땀범벅이 되는 무더위와 온갖 불편함을 잊고 문둥병자 아주머니와 마주 보며 먹던 첫 솜땀의 추억은 지금도 내 마음에 선명하게 자리 잡고 있다. 왜일까? 돌이켜 보면, 너무 덥고 힘들던 시간과 아는 사람 한 명 없어 쓸쓸한 마음이 교차하고 있을 때, 처음 본 문둥병자 아주머니의 따스한 미소가 내 마음에 와 닿았고 그다음은 가져온 매운 솜땀이 나의 힘듦을 다 잊을 만큼 강렬한 맛으로 다가와서이지 싶다.

거의 30년 가까이 지난 지금도 솜땀을 먹을 때면 그 아주머니의 얼굴이 자주 떠오른다. 세상에서는 버림받고, 온전치 못한 몸이지만 예수님을 믿고 교회에 와서 예배를 드리며, 이제 막 태국에 온 왕초보 선교사에게 미소 지으며 먼저 다가오고 솜땀을 가져와 나누던 그 아름다운 영혼을 잊지 못해서일 것이다.

솜땀은 태국의 대표적인 음식 중 하나이다. 솜땀은 절구에 매운 고추와 마늘을 찧고 끈적한 코코넛 설탕. 라임, 액젓, 덜 익은 파파야를 넣고 긴 콩과 토마토, 땅콩과 마른 새우도 넣어 간이 배도록 찧는다. 삭힌 게나 삭힌 생선을 넣기도 하고 과일을 넣기도 한다. 어떻게 보면 어울리지 않을 것 같은 재료들을 섞어 넣는다. 모든 식재료를 절구에 찧어 맛이 스며들게 하면 고유의 맛과 향이 나면서도 다 같이 어울리는 조화로운 맛을 낸다. 매콤하고 짭조름하며 새콤달콤한 맛에 땅콩을 씹으면 고소한 맛도 나는 맛있는 솜땀이 탄생한다. 롭부리 교회에서 문둥병자

아주머니와 먹던 솜땀은 내가 제일 좋아하는 태국 음식이 되었다. 나의 첫 솜땀에 담긴 그 여인의 따스한 사랑이 지금도 나의 마음을 따스하게 한다. 그 이후…

랑싯에서 만난 쭈앙 아주머니도 처음 솜땀을 함께 먹던 문둥병자 아주머니처럼 내 마음에 깊이 남아있는 분이다. 쭈앙 아주머니는 우리 교회에 친구 따라 왔었다. '하나님(예수님)을 믿는지' 물어보니 본인은 '하나님이 진짜 살아계신 하나님이신지 또 그 하나님이 진정한 평강을 줄 수 있는지 확인한 다음에 믿겠다.'고 했다. 태국 사람 중에 이렇게 얘기한 사람은 처음이라 약간 당황하면서 '그렇게 하시라'고 말했다.

쭈앙 아주머니는 그 후 몇 주간 교회에 나왔고 복음을 전했지만 예수님을 영접하지 않았다. 며칠 후 쭈앙 아주머니는 아주 생생한 꿈을 꿨다. 꿈속에서 빛나는 보좌 위에 흰옷을 입은 분이 앉아계시는데 얼굴은 볼 수 없었다고 했다. 보좌 주위에 여러 나라 사람들이 많이 있는데 그 속에 자신도 있었다고 했다. 그리고 음성이 들려오길 '너도 나의 자녀가 될 것이다.'라고 했단다. 그 꿈이 너무나 선명하여 잊을 수 없었고 보좌에 앉으신 분이 예수님임을 알았다고 했다. 그 꿈을 꾼 이후, 예수님을 구주로 영접하였다. 그리고 매주 주일에 교회에 나와 예배를 드렸다.

그날은 예배 후에 점심을 먹고 여전도회 모임을 하는 날이었다. 여전도회 모임 시간에 그날 들은 설교 말씀을 어떻게 삶에 적용할지 나눔을 하고 기도하는 시간이 되었다. 모두 돌아가면서 한두 소절씩 기도하고 내가 마무리 기도를 하겠다고 했다. 다들 돌아가면서 기도를 하는데 쭈앙 아주머니 차례가 되었는데 기도를 하지 않았다. 새 신자라 기도하지 못해서 안 하는 줄 알고 내 기도를 따라 하도록 했다. 기도를 따라 하기만 하면 되는데, 내가 한 소절을 기도하고 아무리 기다려도 하지 않았다. 더 오래 지체할 수 없어 다른 사람이 이어 기도하고 마무리 기도를 하고 마쳤다.

다른 사람들은 다 돌아가고 나와 쭈앙 아주머니, 태국 전도사님이 남았다. 나는 쭈앙 아주머니가 기도하지 않은 이유를 물었다. "아짠, 기도하려고 하면 막 찌르듯이 아파요. 집에서도 예수님을 부르고 기도하려고 하면 너무 아파서 못 해요. 그래서 안했어요."라고 뜻밖의 이유를 말했다. 나는 좀 놀라며 "어쩌면 기도를 방해하는 영이 있을 수 있으니 다시 같이 기도해 보자."고 말했다. 그리고 전도사님과 나는 간절히 기도했다. 태국어로 기도하다가 한국어로 바뀌고 아주머니가 구역질하고 구토하는 소리가 나서 영으로 대적 기도를 했다. 한참 동안, 예수 그리스도의 보혈로, 예수 그리스도의 이름으로, 영으로 기도했다. 마침내, 아주머니가 조용해져서 우리도 기도를 마쳤다.

그리고 예수님과 악한 영의 세계에 대해 말해주고 아주머니에게 무슨 일이 있었는지 물어보니, 약 10년 전에 동생이 몸과 영혼을 귀신에게 바치는 의식을 하는 곳에 갔다 왔는데 그 이후 알 수 없이 너무 아프고 힘들었다고 했다. 병원에 가서 아무리 진단을 해도 원인을 알지 못하고 병명도 나오지 않아 진통제를 받아 겨우 연명했다고 말했다. 같이 기도하는데 뭔가 나가는 느낌이 들었고 한층 좋아졌다고 말했다. 자신의 집에 그동안 믿던 우상들이 많고 이제 다 치우고 싶은데 아직 두렵다고 했다.

그래서 남편과 나는 그 집으로 가서 함께 예배를 드리고 각종 우상을 신문지에 쌌다. 그리고 차를 타고 멀리 나가 황량한 들판에 아주머니가 예수님의 이름을 부르고 의지하며 우상을 버리도록 하였다. 그래야 우상을 버리는 두려움에서 온전히 벗어나 예수님을 의지할 수 있으리라 생각했다. 아주머니는 예수님을 의지해 용기를 내어 모든 우상을 버렸다. 그다음 모임에서 한 번 더 기도해 달라고 해서 기도하는데 하품을 하며 악한 영들이 다 나갔다.

그 일 후에 아주머니는 완전히 달라졌다. 내게 다가와 하는 말이 "저는 살아계신 참 하나님을 만났어요. 그 하나님은 제게 진정한 평강을 주셨어요. 제 모습이 변했어요. 사람들이 물어봐요. 제 얼굴이 왜 그렇게 좋아졌는지, 돈이 많이 생겨서 그런지. 저는 아니라고, 살아계신 참 하나님을 만났다고 사람들에게 얘기하고 있어요." 쭈앙 아주머니는 그렇게 자신이 찾고 구하던 평강의 하나님을 만났다. 정확히는 평강의 하나님께서 아주머니에게 찾아오셔서 만나 주시고 치유해 주셨다. 10여 년간, 엄청난 고통으로 고생하던 병도 사라지고 완전히 치유함을 받았다. 가난하고, 힘들고, 자식을 낳지 못한다고 버림받았던 가련한 여인, 쭈앙은 하나님의 자녀가 되어 자신이 만난 평강의 하나님을 전하는 담대한 믿음의 사람이 되었다. 할렐루야!

나의 첫 솜땀, 그 이후, 두 여인은 하나님의 살아계심의 증거가 된 찬란한 여인들이 되었다.

박경화 선교사
태국주재 한인선교사회 북부지회 소속
사역 도시 치앙마이
사역 기간 29년

믿음

카오커 가는 길

조용식

인도에서 10년의 사역을 마치고 태국으로 선교지를 옮긴 후 첫해 일어난 일이다. 돌이켜 보면, 뜻하지 않게 첫 선교지인 인도를 떠나 미지의 땅, 태국이라는 선교지에 마음을 두지 못하던 때 하나님께서 우리에게 주신 약속의 말씀과 같은 경험이었다.

그 땅에 뼈를 묻으리라는 결단으로 10년을 살았던 인도를 떠나야 했던 당시의 심정은 마치 폭풍우가 내리는 밤에 정박할 곳을 찾아 헤매는 작은 돛단배와 같은 신세였다. 그날의 인도하심은 태국이라는 항구로 이끄시는 등대의 불빛이었고 그 빛을 따라 이 땅에 정착하게 되었다.

태국으로 선교지를 옮기자마자 나는 코랏에 있는 기독교 국제 학교에서 교사로 섬기게 되었다. 마침, 딸아이의 여름 방학을 맞아 치앙마이에서 열리는 콘퍼런스에 참석하기로 하고 차를 몰고 가족 모두 먼 여행을 떠나기로 하였다. 코랏에서 치앙마이는 약 850km의 거리를 운전해야 하는 거리이다.

처음 장거리 운전이라 쉽지 않았지만, 태국 땅을 직접 밟아 보아야 태국이라는 선교지를 더 잘 알 수 있으리란 생각으로 차를 운전하여 갔다. 올라가는 길은 핏사눌록이라는 곳에서 하룻밤을 머물고 그다음 날 안전하게 치앙마이에 도착할 수 있었다. 3박 4일 일정의 교육 콘퍼런스를 마치고 하루를 더 치앙마이에서 쉬기로 하고 다음 날, 조금 늦은 아침을 먹고 차에 올라 코랏에 있는 집을 향해 출발하였다.

돌아가는 길 또한 850km의 여행길이라 중간 지점인 페차분도에 있는 카오커라는 곳에서 밤을 보내기로 하였다. 치앙마이에서 6시간, 우리가 사는 코랏에서는 5시간이 걸리는 국립공원이 있는 산속의 도시이다. 한 번도 가지 못한 곳이었지만 태국의 알프스라는 소문에 기대를 품고 부지런히 발걸음을 옮기었다.

가는 길에 주유소 편의점에 들러 간단한 점심을 먹고, 4시간을 달려 피사눌록도 경계에 다다르자 저 멀리에 검은 구름이 보이기 시작하였다. 점점 더 가까이 달려가 보니 검은 구름은 마치 전쟁에 나선 군인들이 적군을 향해 돌진하듯 그 위세를 뽐내며, 우리 앞으로 다가오고 있었다. 그럼에도 우리가 달리고 있는 머리 위의 하늘은 아랑곳하지 않고 그 푸르름을 뽐내었다. 그 구름을 보고 얼마 지나지 않아 우리는 화장실이 있는 주유소를 찾아 잠시 걸음을 멈추었다.

잠시 볼일을 보고 나온 순간, 갑자기 낮에서 밤으로 바뀐 듯, 화장실 앞 세상은 들어갈 때와 전혀 다른 모습이었다. 너무나 어두워 있었다. 생각보다 그 구름은 빨리 우리를 삼키듯 달려들었던 것이었다. 발걸음을 재촉하게 되었다. 필경, 해발 1,000미터가 넘는 산을 넘어 도착하는 카오커로 가는 길에 검은 폭풍우를 만난다는 것은 좋은 일이 아닐 것이다. 아니 초행길 타국에서의 산길에 폭풍우는 완전 최악의 상황일 것이다.

마음속에 염려와 두려움이 다가왔다. 아직 가야 할 길이 약 100km 이상 남았는데 아무리 빨리 가도 1시간 반, 그것도 약 1시간 정도는 굽어지는 산길을 넘어 그곳에 도착해야 한다.

찰나, 비가 곧 올 것 같은 습한 기운이 피부에 엄습해 왔다. 곧 비가 올 것 같다. 아내와 좀 쉬었다 가자는 딸아이를 보채며 자동차에 올라탔다. 한 10여 분 달리자 어두워진 하늘에서 빗방울이 떨어지기 시작한다. 아직 4시인데 마치 해가 시간을 모른 채 서산 너머로 넘어가는 듯 어둠이 짙어진다. 이내 떨어진 빗방울은 자동차 와이퍼의 단수를 올리며 1단에서 2단으로 그리고 가장 빠른 3단으로 돌려진다. 더 많이 쏟아진다. 스틱 자동차인 기어는 5단에서, 4단, 3단으로 속도를 줄여간다.

앞이 잘 보이지 않을 정도로 비가 세차게 내리친다. 내가 몰고 있는 자동차가 마치 물결이 넘치는 바다 위에 보트와 같다는 생각이 떠올랐다. 확 트인 시야에 대지를 가르고 달려가던 자동차가 마치 망망대해에 떠 있는 조각배와 같다는 생각이 들었다.

아내와 딸아이가 걱정하듯 말한다.
"우리 멈춰야 하는 거 아닌가요?"

나는 태연한 듯 말한다.
"원래 자동차는 이런 폭우 속에서도 운전하도록 만들어졌어요, 걱정하지 마요."
나도 무슨 소리를 한지 모르게, 입 밖으로 나왔다. 그렇다. 마치 물 위를 활주하듯 자동차는 앞으로 나갔다. 앞서가는 차의 형체를 알 수 없이 희미한 앞차의 브레이크 불빛과 비상등만으로 앞에 차가 있음을 확인할 수 있다.

그때 갑자기 왼쪽에서 거대한 물벼락이 차를 덮쳤다. 순간, 마치 차가 바닷속으로 빠져 버린 듯 차 밖은 물로 가득 차 있었다. 그 순간, 짧은 한마디 "여보!!" 아내의 외침이다.

앞이 전혀 보이지 않는 순간, 브레이크 페달을 밟았다. 그리곤 이내 발을 들어 액셀러레이터에 조심히 내려놓고 앞으로 달린다. 앞이 보이지 않았다. 그래도 순간 뒤에 오는 차에 치일 수 있겠단 생각에서였다.

옆으로 지나간 것은 대형 트럭이었다. 몰아치는 빗발에 형체를 알 수 없지만, 아마도 천천히 가는 내 차를 발견하고는 방향을 바꾸어 나를 급히 앞질러 간 듯하다. 큰 차가 일으킨 물보라는 나를 바닷속에 빠진 착각을 만들기에 충분하였다.

속도를 줄여 맨 가에 차선으로 주행한다. 왕복 4차선의 도로에서 혹시나 방해될까 하는 마음에서다. 그러나 멈출 수 없었다. 더 늦어지면, 깜깜한 밤에 산길을 올라가야 하는 걱정에서다.

아내의 외침은 단지 놀라 외친 소리가 아니었다.
"여보!! 이렇게 비가 몰아치는 것은 멈추어 가라는 하나님의 뜻이 있지 않을까요!!
산으로 가기 전에 여기 가까운 곳에 오늘 밤 자고 비가 그치면 내일 아침에 올라가요!!"

이 몰아치는 비 가운데, 그것도 20년이 넘는 고물차를 몰고 간다는 것이 내심 불안했으리라!
다시 대답했다.

"여보… 걱정하지 말아요… 걱정하고 염려하면 잘 되는 것도 안 돼요. 믿음을 갖고 걱정하지 말아요! 곧 비가 멈출 테니까 일단 갈 수 있는

데까지 가 봐요!"

말은 뱉어놓았지만, 빗살은 더욱 거세지는 것 같았다. 그러나 어찌하랴, 이름도 모르는 낯선 곳에서 태국어도 할 줄 모르는 초보 선교사가 다시 호텔을 잡는다는 것이 쉽지 않을 듯하다. 이미 숙소도 예약을 해놨는데 여기서 멈춘다는 것이 마음에 와닿지 않는다.

30분이 지나갔다. 비는 계속 내린다. 그러나 시간이 지날수록, 내 마음도 아내의 마음도 점점 산길을 올라가는 것에 자신이 없어지기 시작한다. 그러나 오른발은 악셀 위에서 떨어지지 않았다.

아내에게 말했다.
"여보, 여기 봐요…. 다른 차들도 멈추지 않고 가고 있잖아요. 예수 믿지 않는 사람들일 텐데도, 염려하지 않고 어려움을 헤쳐 가는데 우린 하나님의 자녀인데도 조금 어려움이 온다고 멈춰서거나 피해 갈 수는 없잖소…. 그냥, 갑시다. 가다 보면 하나님이 길을 여시고 안전하게 인도해 주실 것을 믿읍시다."

아내 앞에 가장이라는 체면에서인지 모르지만, 폭우 가운데 멈춰 버리면, 마치 세상의 시련이 올 때, 믿음을 저버리는 믿음 없는 소인배 모습으로 비추어질 것 같아 믿음으로 선포하였다.
"그냥 믿음으로 갑시다. 걱정 말고 하나님이 지켜 주실 거예요!"

이렇게 말해놓고 났는데도 폭우가 내리는 가운데 산속을 넘어갈 걱정이 몰려왔다. 그래도 기도하자! 하나님이 도우실 것이다. 폭우에 맞서 휘히익 휘히익 앞 유리를 쓸어내는 와이퍼 움직임만큼이나 간절하게 열심히 하나님께 마음속으로 기도했다.

'하나님 도와주세요! 비를 멈춰주세요. 초행길 산속에서 아무런 사고 나지 않도록 도와주세요.~!'

비가 오는 가운데 계속 앞으로 30분 정도를 더 달려 나갔다. 거리상으로 이제 산길이 나올 때이다. 비가 내려서인지 시야를 계속 앞쪽에 두고 달리는 것 같아 먼 곳을 바라보았다. 저 먼 하늘 너머 먹구름이 가득한 가운데 하얀 구름 같은 것이 가로로 길쭉하게 보이기 시작한다. 한 1, 2분 정도 지나 자세히 보니 구름이 아니었다. 위아래 먹구름 사이에 보이는 하늘이었다.

"할렐루야~!" 나도 모르게 속으로 외쳤다.

먹구름 사이에 보이는 하늘, 푸른 하늘은 아니지만 먹구름이 아닌 하얀색의 하늘은 분명 비가 내리지 않는 하늘임이 틀림이 없다. 그러나 달리고 있는 하늘에는 변함없이 비가 쏟아진다. 아직 할렐루야를 외치기에는 이르다. 비가 언제, 구름이 어떻게 덮어 버릴지 모르기 때문이다. 그러나 운전대 넘어 보이는 먹구름이 거치고 저 하늘 뒤로 산의 모습이 보이기 시작한다.

얼마 지나지 않아 비가 잦아들었다.

그리곤, 달리는 도로 주변을 제외하고 가운데 마른 부분이 드러나기 시작한다.

"할렐루야~!"

산길로 올라가는 도로를 향해 악셀을 신나게 밟는다. 도로가 완전히 말라 있다. 먼 시야 건너, 산등성과 하늘이 화창함을 드러낸다. 산등성 코너를 돌아 옆으로 내려다보는 도시는 마치 구름을 이불 삼은 듯 여전히 검은 구름이 드리워 있다. 아! 하나님의 도우심이다. 우리의 믿음을 시험하시듯,

검은 구름이 드리웠던 폭우가 쏟아지는 평지를 지나니 구름 너머 해를 품고 푸르름을 내세우는 카오코의 산이 우리를 맞이하였다.

우리의 삶도 이와 같으리라. 염려와 걱정으로 멈추어 설 수도 있다. 그것이 지혜일 수도 있다. 그러나, 폭풍우를 뚫고 나와 경험하는 푸른 하늘과 검푸른 산은 결코 쉽게 경험할 수 없는 하나님의 도우심, 그리고 감사와 감격이다.

우리의 삶은 갈 길을 알지 못하는 순례자와 같은 길이다. 인도를 떠

나 새로운 땅 태국에 온 것도, 우리의 앞길에 무엇이 닥칠지, 어떤 어려움과 장애물이 있을지 모른다. 결국 우리를 이끄는 것은 내 삶을 이끄실 하나님의 신실하심을 향한 믿음이다.

앞으로 나아가라! 염려와 걱정을 내려놓고 우리를 이끄실 하나님을 신뢰하라!
우리를 향한 작은 도우심을 경험한 카오커 가는 길이었다.

조용식 선교사
태국주재 한인선교사회 중부지회 소속
사역 도시 방콕
사역 기간 7년 9개월

믿음

사람을 세우는 사역 -태국 선교 29년을 회고하며

김주만

2024년 8월 1일은 나와 내 아내가 선교사로서 태국 땅을 밟은 지 29년이 되는 날이다. 지난날들을 돌아보면 많은 사역들을 했고, 많이 후회되는 날들도 있었고, 많은 감사할 제목도 있다. 그러나 이제 와 돌이켜 보면 그 모든 것은 다 지나간 추억이 되었고, 내 삶의 흔적이 되었다. 나이도 29년을 더 먹어버렸다. 그러나 한 가지 분명한 것은, 내가 거쳐온 모든 길은 하나님의 은혜 안에 있었다는 것이다. 하나님은 나를 교회 개척과 대학생 사역 그리고 학사 사역 등으로 이끄셨다. 그리고 이러한 사역들을 통해 하나님은 '사람을 세우는 사역'을 하도록 나를 이끄셨다. 선교사의 출발선에서 주셨던 희미했지만 확실했던 사명인 '사람을 세우는 사역'은 29년이라는 시간을 통해 구체적으로 이루어갈 수 있도록 하나님이 인도하셨다.

선교사로서 태국을 향해 출발할 때, 내 마음에 담았던 선교의 방향 혹은 사명은 '사람을 세우는 사역'이었다. 당시 태국이라는 선교지를 전혀 모르는 상태에서 출발했기 때문에, 어떤 구체적인 계획이나 선교

전략은 없었다. 다만 '불교의 나라' 태국 땅에서 예수님을 믿는 믿음 안에서 참된 '자유'를 얻고 천국 백성으로 살아갈 사람들과 공동체를 세우는 것이 가장 중요한 사역이라고 생각했다.

선교 사역 초창기에는 사람을 세우는 일을 위해 신학교나 성경학교에서 가르치는 사역을 해야 한다고 생각했다. 언어 공부가 어느 정도 되면 신학교에서 가르치는 사역을 했으면 좋겠다는 바람이 내 마음에 늘 남아 있었다. 그런데 내가 생각하는 사람을 세우는 일과 하나님이 생각하는 사람을 세우는 일 사이에는 뚜렷한 관점의 차이가 있었던 것 같다. 이러한 관점의 차이는 태국 현지인 교회 개척 사역과 대학생 학생신앙운동(SFC)을 하면서 깨닫게 되었다. 이러한 경험을 통해 태국 사람을 바로 아는 것과 선교사로서 타 문화에 관한 문화적 감수성을 가지는 것이 얼마나 중요한지 깨닫게 되었다. 초창기 태국어로 어렵게 설교를 준비하면서, 설교 단상에 서서 나의 설교를 듣고 있는 태국 성도들의 얼굴을 쳐다보면서, 그리고 개인적인 만남과 성경 공부 모임을 통해서 '사람을 세우는 사역'에 관한 생각과 관점은 조금씩 변하기 시작했던 것 같다. 무엇보다 태국 전체 인구의 0.5%만이 복음적인 기독교인이라는 통계 앞에서 나는 어떤 사람을 세워야 하는지를 생각하게 했다. 불교 국가라고 알려진 사회 속에서 있지만 그리스도께 헌신 된 성도로서 참된 자유를 누리며 살아가는 영혼들을 양육하는 것이 얼마나 중요한지 개인적으로 깨닫게 되었다.

방콕에서의 9년간의 사역을 마무리하고 치앙마이로 옮겨와 20년 세월을 보내면서 하나님은 교회 개척 사역과 함께 대학생 사역(SFC)을 하도록 이끄셨다. 특별히 2011년 큰 교통사고와 매쨈선교센터 화재로 인해 삶과 사역에 큰 어려움을 맞닥뜨렸을 때도 오히려 선한 길로 이끄시는 하나님의 은혜의 손길을 경험하게 되었다. 화재의 충격과 교통사고의 후유증으로 인해 생긴 심한 두통과 아픔에도 불구하고, 하나님은 계속해서 교회를 섬기는 것뿐만 아니라 함께 성경 공부를 하던 대학생들을 중심으로 기독 대학생 동아리인 SFC(Student for Christ)를 출범하도록 인도하셨다. 나의 건강 문제와 내가 마주하고 있는 어려운 환경에도 불구하고 하나님께서는 새로운 사역의 문을 열어주셨다. 하나님께서는 대학생 SFC 사역을 할 수 있도록 길을 열어주셨고, 여러 교회들을 개척할 수 있도록 인도하셨다. 이러한 사역 경험 속에서 나는 사람을 세우는 사역이 무엇인지 좀 더 구체적으로 그리고 실감 나게 경험하기 시작했던 것 같다.

　이러한 하나님의 인도 중 하나가 SFC를 치앙마이 라차팟 대학교의 정식 동아리로 등록한 것이다. 그리고 코로나19 이전까지 약 12년을 치앙마이 라차팟 대학교 내에서 대학생 사역을 자유롭게 할 수 있었다. 이 대학생 사역을 통해 기독 대학생들과 동고동락하면서 예배하고, 성경 공부도 하고, 기도 모임도 하고, 함께 성도의 교제를 나누면서 함께 시간을 보낼 수 있었다. 그러면서 영적으로 조금씩 자라가는 학생들의 모습을 하나님은 보게 하셨다. 이들 중에는 대학 졸업 후 더 큰 영적인 영향력을 주변에 미치며 살아가는 사람으로 성숙해 가는 것을 볼 수 있었다.

이들 중에는 차이핫이라는 형제가 있다. 차이핫 형제는 원래 중학교 3년을 불교 사원에 머물면서 공부했던 형제였다. 그런데 고등학교 1학년 때 매짬에 있는 선교 센터에 들어와 예수님을 만났고, 그곳에서 신앙생활을 시작했다. 내가 매짬선교센터 출신 대학생들과 함께 치앙마이에서 대학생 중심의 교회 개척을 시작할 때 차이핫 형제는 대학 1학년생으로서 개척 멤버가 되었고, 처음부터 예배 인도자로 함께 교회를 섬기기 시작했다. 또 SFC 임원으로 함께 학생신앙운동을 섬겼다. 이런 그가 이제 34세의 어른이 되었고, 결혼하여 자녀도 낳았다. 또한 신학 공부를 하면서 항동교회의 사역자로 함께 섬기고 있다.

SFC를 통해 만났던 잊을 수 없는 또 한 사람이 있다. 그는 콴 자매다. 그녀는 SFC가 출범한 후 첫 2년을 SFC 위원장으로 섬기면서 영적으로 크게 성장한 자매다. 그리고 졸업 후에도 얼마간 학사 리더로서 함께 SFC를 섬겼다. 현재 콴 자매는 중, 고등학교 교사로서 학생들을 가르치고 있는데, 학교 내에서의 반대와 어려움을 무릅쓰고 주말마다 학교 내의 기독 학생들과 함께 모여 예배하고 성경 공부하고 기도하면서 이러한 어려움을 이겨 나가고 있다. 또한 콴 자매를 통해 예수를 믿게 된 또 한 명의 교사가 있다. 그는 다른 학교로 전근을 가게 되었는데, 그 옮겨간 학교에서 열심히 예배하고 복음을 전하면서 기독 학생들을 세워나가고 있다는 소식을 듣게 되었다. 마치 내가 낳은 자녀가 또 다른 자녀를 낳은 것 같은 모습을 콴 자매를 통해 본다. 콴 자매는 이제 결혼하여 그리스도인 가정을 이루었으며, 교사 일과 함께 통신으로 신학 공부도 하고 있다. 또한 그녀가 출석하는 교회에서 솔선수범하여 교회학교를 섬기고 있다. 하나님을 사랑하고, 하나님을 섬기기를 기뻐하며, 하나님의 말씀을 더 알기 원하는 그녀의 열망과 헌신과 소명을 통해 하나님은 이렇게 일하고 계신다.

이렇게 태국에서 29년이라는 세월 동안 선교 사역을 하면서 '사람을 세우는 사역'이라는 것이 나에게는 무엇을 의미하는지 조금이나마 깨닫게 된다. 내가 사역하는 영혼들과 함께 시간을 보내며, 인격적 관계에서 오는 교감(사랑)이 있으며, 영적인 영향력이 전달되며, 공동체를 세울 뿐 아니라 그 속에 있는 한 영혼 한 영혼을 돌아보는 것이 사람을 세우는 사역에 중요하다는 평범하지만 아주 중요한 원리를 깨닫게 된다. 그래서 요즘 이런 말을 자주 한다: "결국 선교에서 남는 것은 한 영혼입니다."

지난 세월 나는 무엇인지 큰일을 이루거나 눈에 보이는 큰 성과를 나타내는 일들을 하지 못했을 수도 있다. 하지만 내 옆에서 혹은 멀리 떨어져 있는 어떤 곳에서 하나님의 자녀로, 참된 그리스도인으로, 혹은 한 사람의 사역자요 리더로 살아가는 나의 제자들 아니 그리스도의 제자들을 바라보면서 감사하게 된다. 그리고 교회의 사역자로서 혹은 평신도 리더로서 변함없이 함께 하나님을 섬기는 나의 동역자가 된 제자들의 모습을 보면서 큰 보람을 느낀다.

대학생 SFC를 하면서 늘 외쳤던 강령이 있었다. 그것은 '하나님 중심, 성경 중심, 교회 중심'이다. 그렇게 함께했던 제자들 가운데 많은 이들이 '하나님 중심, 성경 중심, 교회 중심'의 신앙을 가진 그리스도인으로 살기 위해 노력하는 모습을 본다. 하나님은 이러한 제자들을 세우기를 원하셨던 것 같다.

태국 선교 30년을 바라보면서 앞으로 나는 어떤 선교 사역을 해야 할까? 아마 이곳에서의 사역을 마무리하는 그날까지 다양한 모습과 역할을 가지고 '사람을 세우는 사역'을 계속하지 않을까? '하나님 중심, 성경 중심, 교회 중심'으로 살아가는 그리스도의 제자들이 계속 세워지기를 소망한다.

김주만 선교사
태국주재 한인선교사회 북부지회 소속
사역 도시 치앙마이
사역 기간 29년

`믿음`

도둑맞은 재정 가방

박영신

지난주 토요일, 이른 아침부터 아내와 나는 우리 가정에서 가장 중요한 물건을 찾고 있었다. 외국 생활에서 필수적인 여권과 워크퍼밋, 그리고 사역비와 생활비를 찾을 수 있는 은행 통장과 서류들이 함께 들어있는 재정 가방(이하 가방)을 잃어버렸기 때문이다. 2주 가까이 까맣게 잊고 지내다가 교회 땅 평판 작업비를 입금하기 위해 가방을 찾았으나 아무리 찾아도 찾을 수가 없었다.

처음에는 집에 있겠지? 그다음엔 차에 있겠지? 교회에 있겠지? 그러나 아무리 찾아도 가방을 찾을 수 없었다. 토요일 사역을 모두 마치고 집에 돌아와 다시 아내와 함께 집안 곳곳을 찾아보았지만, 가방은 끝끝내 그 모습을 드러내지 않았다.

흐릿한 기억대신 핸드폰에 있는 사진들과 정보들을 바탕으로 지난 7월 19일 은행에서 통장과 여권을 사용했었음을 알았다. 기억을 더듬어 들렀던 가게들 가서 확인해 보았지만, 분실된 가방을 찾을 수 없었다. 재정 가방 안에는 여권, 워크퍼밋, 생활비 통장과 건축비 통장과 카드, 그리고 사역비로 사용할 현금 120만 원이 있다.

아내가 콘도 사무실을 들러 CCTV를 확인하러 간 사이, 나는 낙담된 마음으로 무릎을 꿇고 기도하기 시작했다. "하나님! 가방을 찾을 수 있도록 도와주세요. 가방을 찾는 기적을 보여주세요. 제 선교사역 중 큰 위기입니다. 주님, 이 타지에서 여권은 나를 증명해 주는 유일한 수단입니다." 교회 건축 재정 통장이 있습니다. 짧은 시간이었지만 간절히 기도했다.

만약 워크퍼밋과 여권을 분실했다면 벌어질 일들이 머릿속을 스쳐 지나갔다. 바로 여권을 발급받을 수 있으면 좋겠지만 그 이전에 경찰서에서 여권이 언제 어디서 어떻게 분실했는지를 신고하고 분실 서류를 받아야 한다. 이후 분실 서류를 들고 한국 대사관이 있는 방콕에서 해당 서류를 통해 여권 재발급 신청을 하고, 2주 이상을 기다려야 하는데, 이는 한국 대사관에서는 여권을 직접 발급할 수 없어 한국에서 여권을 만들어 받아야 하기 때문이다. 이 경우 나는 또다시 방콕으로 돌아가 여권을 받아야 한다.

다만 이보다 더 힘든 것은, 방콕 대사관을 통해 기존 여권에 있는 모든 비자와 입국 정보를 새로운 여권으로 옮기는 과정이다. 하지만 여권을 잃어버린 상태이기에 여권에 있는 비자 정보가 없다는 것이고, 이를 위해 또 방콕에서 시간과 100만 원 정도의 재정을 소비해야 한다. 또한 워크퍼밋 또한 비슷한 과정으로 노동청을 방문해야 한다. 생각만 해도 아찔한 상황에 나도 모르게 저절로 무릎을 꿇고 하나님께 기적을 기도할 수밖에 없었다.

사무실에 다녀온 아내는 CCTV에서 19일에 재정 가방을 메고 현관에 들어오는 모습을 확인했다고 말했다. 그렇다. 나는 분명 재정 가방을 메고 집에 왔다. 그럼에도 집에 없다는 것은 도둑맞았을 가능성밖에 없었다. 사실 열쇠는 있으나 집을 열어놓고 다녔기에 특별히 집을 오래 비우는 날에만 문을 잠갔었다. 걱정과 염려만 있을 뿐 아무것도 할 수 없는 무기력함이 더욱 나를 힘들게 했다.

저녁 시간이 가까워지는 순간 아내가 이렇게 물어봤다.
"당신 치앙라이에 다녀왔잖아요? 그럼 호텔에서 머물렀으면 여권을 사용했을 텐데… 당신 어떻게 했어요?"

맞다. 치앙라이에 1박 2일로 혼자서 지인 선교사님을 만나러 갔다 왔다는 사실을 까맣게 잊고 있었다. 책상 밑에 있는 노트북 가방을 열어서 가방 깊숙이 있는 칸막이 주머니를 열어보니 여권과 워크퍼밋이 있었다.

"여보! 있다. 있어, 여권과 워크 퍼밋이 있다. 하나님 감사합니다."

아내와 동시에 서로 끌어안고 기쁨을 나눴다. 정말 기적이 일어난 것이다.

22일 치앙라이를 다녀오면서 혹시나 하는 마음으로 가방에서 여권을 꺼내 노트북 배낭에 넣어둔 것이었다. 더욱 놀라운 것은 1년에 한 번 사용하는 워크퍼밋 또한 함께 챙겨둔 것이다. 이것이 기적이었다. 물론 가방에 있는 현금과 3개의 은행 통장 및 카드는 도둑을 맞았지만, 가장 중요한 것들은 나와 함께 있었다.

낙담된 마음에 점심을 먹으면 체할 것 같아 점심도 굶었던 나였는데 갑자기 허기가 밀려와 저녁을 먹었다. 주말이 가고 월요일이 되자마자 은행이 문을 여는 시간에 맞춰 여권과 워크퍼밋을 들고 새롭게 통장을 만들었다. 혹여나 도둑이 카드를 사용 은행에서 돈을 찾아가지 않았나 하고 근 3개월 동안의 내역을 확인했으나 돈은 도둑맞지 않았다. 혹시 몰라 카드 또한 정지시켰다. 선교사역 가운데 또 다시 하나님의 기적을 체험할 수 있었던 한 주였다. '혹시 다른 식구들이 재정 가방을 가져갔을 수도 있잖아' 할 수 있다. 그러나 7월 한 달 아내와 막내는 한국

믿음 편 105

방문 중에 있었다. 가방의 존재를 잊고 있다가 한국에서 귀국한 아내에게 생활비를 주려고 하다 돈 가방이 사라진 사실을 알게 된 것이다. 진노 중에도 긍휼을 베푸신 하나님! 감사합니다.

박영신 선교사

태국주재 한인선교사회 북부지회 소속
사역 도시 치앙마이
사역 기간 11년

> 믿음

감동 2024

박성식

이곳 태국에서는 매년 연말 주태(태국주재 한인선교사회)가 열린다. 다행히 작년에는 치앙마이에서 주태가 열리게 되어 참석할 수 있었다. 매년 연말 크리스마스 시즌에 열리므로 교회 행사들과 중복이 되면 갈 수가 없기 때문이다.

매년 가능하다면 참석하는 이유가 있다. 참석하는 3일 동안 매일 설교를 들으면서 휴식을 취하고 그다음 해의 화두를 정하려고 하기 때문이다. 2024년의 화두로 "감동"이라는 말이 갑자기 내게 다가왔다. 그래서 태국말로는 "프라탑짜이"라는 제목으로 정했다.

이 제목은 얻은 데에는 이번 주태 모임 강사이신 한 분 목사님의 설교 말씀 가운데 "감동"이 왔기 때문이다. 설교의 내용 중에 그분이 현재 담임목사로 시무하시는 교회에 파송 선교사님들이 여럿 있다고 한다. 그런데 그분들이 한국에 나오면 선교에 대해서도 성도들에게 알려줄 필요가 있어 설교 부탁을 할 때가 있다고 한다. 그런데 선교사님들이 설교를 너무 못해서 설교시키기가 겁난다고 하신다. 많은 성도들이 아까운 시간을 내어 예배를 드리러 오는데 전혀 도움이 안 되는 설교, "감동"이 없는 설교를 하시는 선교사님들이 많다고 한다. 그래서 경험이 많은 선교사님이 아니면 강단에 세우기가 꺼려진다고 하신다.

그 말씀을 들으며 나 자신이 부끄러워졌다. "난 설교를 잘 못 하는 선교사 중의 하나다." 그렇게 많은 시간과 연습과 내용을 점검하여 강단에서 설교하는데 나중에 방송으로 들어보면 내가 설교하는 태도, 언어, 음성, 내용 전달 등, 마음에 드는 게 하나도 없다. 몸 둘 바를 모르고 부끄럽기까지 할 때가 있다.

그래서 올해의 화두를 "감동"으로 했다. 말 한마디, 행동 하나하나가 "감동"을 줄 수 있는지를 생각하면서 행동하기로 하였다. 먼저 매주 글을 올리고 있는 페이스북부터 "감동"이 있는 언어를 사용하려고 노력했다. 설교를 할 때도 내가 하는 말이 나 스스로부터 "감동"을 줄 수 있는가를 먼저 생각해 보기로 했다.

올해도 벌써 삼분지 이가 지나갔다. 올해는 어떻게 살아왔나 돌아보았다.

페이스북에 올린 글 중에 "감동"을 주는 글 몇 개를 간추리고 줄여서 올리고자 한다.

새해 첫날부터 "감동"이 있어 "유혹과 선택" 이라는 글을 올렸다.

2024년 1월 1일

사람에겐 많은 유혹이 있다 명예욕, 성욕, 물욕 등등. 당연히 사람에겐 욕심이 필요하다. 왜냐하면 사람의 마음을 움직이는 원동력이 될 수 있기 때문이다. 그러나 필요 이상이 되면 성인병, 돈 욕심이 많으면 수전노, 사랑도 과하면 집착이 될 수 있다. 그러나 나는 오늘도 유혹을 참지 못했다. 와이프가 만드는 맛있는 음식 냄새를 참기 힘들어 많이 먹어 버렸다. 오늘도 "베둘레헴"의 유혹에 졌다. 주여~ 용서하소서.

1월 7일

첫 주였다. 성찬식을 한 후에 한 사람 한 사람 축복 기도를 하였다. 올 한 해 주님 축복을 많이 받아 나누는 사람들이 되게 해달라고 기도했다. 매년 첫 주는 성찬식과 축복 기도를 하고 있다. 새해 첫 주 안수기도에 하나님은 우리 서로에게 "감동"을 선사했다.

1월 20일

치앙마이 옵칸 국립공원에서 전 교인 수양회를 했다. 공원 안의 시냇가처럼 우리도 시냇가에 심긴 나무가 되자고 했다. "감동"적인 예배로 가슴을 채우고 "감동"적인 바비큐 식사로 배를 채웠다.

1월 21일

우리 교회 교인 중 한 명을 자랑질하고픈 "감동"이 왔다. 교인 중 한

분이 자기 집 자기 땅이 넓으니 집 안에 교회를 만들면 어떻겠느냐고 한다. 이날 교인 자랑질한 날로부터 교회 건축을 향한 발걸음을 시작하게 되었다.

2월 15일

교인 가정 심방을 했다. 후웨이솜 가정교회 식구들이 25명 정도가 모였다. 기도를 해준다 하니 많이 모인 것 같다. 농장이나 코끼리농장, 리조트에서 일하는 분들이 대부분이라 아픈 분들이 많다. 성심성의를 다해 기도했다. 나중에 술 중독된 분과 허리 아픈 분이 나았다는 간증을 들었다. 간증을 들으니 마음에 "감동"되었다.

3월 8일

매주 금요일 오전에 공립고등학교인 텝실린 중고등학교에서 채플을 한다. 한 달에 한 번 허락해준 채플에 이번에는 김지영 선교사님에게 부탁을 하니 쾌히 승낙해 주었다. 온 가족을 이끌고 찬양과 연극과 설교로 학생들에게 "감동"을 주고 나에게도 감동을 주었다.

3월 20일

우리 교회는 매년 2번 폽크라쿤이라는 세미나를 한다. 태국학생 방학에 맞추어 세미나를 한다. 이번에도 교생 선생님 4명과 학생들이 참여했다. 마지막시간 선생님들의 간증이 있었다. 예수님에 대해 더 잘 알게 되고 우리가 죄인이라는 것, 예수를 통해서만 구원이 있다는 진리에 성령의 "감동"이 몰려왔다는 간증에 우리 모두 은혜를 받았다.

3월 29일

성금요일 교회 모퉁이에 십자가와 못을 준비하라는 "감동"을 받았다. 못을 치며 내가 주님을 못 박은 죄인이라 고백을 할 때 눈물이 앞을 가렸다. 나 같은 죄인을 위해 십자가 고난을 받으시다니.

4월 27일

6명이 세례를 받았다. 옵칸 시냇물 가에 가서 침례를 했다. 여기선 세례는 축제이다. 하늘에서 문이 열리고 하늘의 음성이 들리는 것 같았다. "너는 내 사랑하는 자요 사랑하는 내 아들이라" 세례식 마친 후 모두 수영복으로 갈아입은 후 강물에 뛰어들었다. 모두가 시원한 물줄기에 "감동"이 되었다.

5월 25일

건축도면 초안 완성하고 건축을 시작하기 위해 교인들과 함께 가서 땅정지 작업을 했다. 그동안 조그만 교회 안에서 예배, 식사, 운동, 성경 공부, 모든 것을 해왔다. 이제 새 교회로 가면 여러 가지 액티비티를 할 수 있다. 벌써 계획하고 있는 중이다. 태권도, 영어반, 한글반 등등 공간 사용을 잘하려고 한다. 갑자기 새 교회를 건축하게 하신 주님 "감동"먹었습니다. 주님. 아멘.

7월 6일

약 20명의 초등학생들에게 장학금 수여식이 있었다. 우리 교회가 주는 것이 아니라 태국 봉사 커뮤니티에서 수여하는 것이었다. 앞으로 크리스천 지도자를 키우는 사역에도 장학금을 수여했으면 하는 "감동"을 주신다. 장학사업 할 수 있는 충분한 재원 주실 줄 믿습니다.

7월 11일

교회 새 건물 기초 콘크리트를 부을 수 있도록까지 인도하신 하나님의 은혜와 능력이 놀랍다. 무에서 유를 창조하는 느낌이다. 앞으로도 어떤 "감동"을 주실까 기대가 된다.

8월 4일

우리는 주일 예배 마친 후 격주로 전도를 나간다. 이번에는 후웨이 솜 시골의 큰 무반이다. 단지가 커서 3-4번은 더 와야 할 것 같다. 몇 가정이 전도지를 함께 읽으며 결신기도까지 했다. 한 가정은 대물림으로 아버지와 아들, 온 가족이 스트록으로 몸 한쪽을 잘 사용하지 못하였다. 기도를 부탁했다. 대물림의 사슬에서 벗어날 수 있도록 마음을 다해 기도했다. 다음에 다시 들르라는 "감동"을 주신다.

모든 일에 "감동"을 생각하며 사역을 하다 보니 하나님이 "감동할" 일들을 많이 주신다. 특히 올해 생각지도 않은 "교회 건축의 감동"을 주셨고 건축을 할 수 있도록 도와주셨다. 여러 사람들을 통해서 역사하시는 하나님의 은혜를 체험할 수 있었다. 이제 12월 초에 교회 헌당 예배를 드리려고 한다.

올해의 화두로 "감동"을 주신 하나님. 내년엔 어떤 화두를 주실까 기대하면서… 이 글을 맺는다.

박성식 선교사
태국주재 한인선교사회 북부지회 소속
사역 도시 치앙마이
사역 기간 9년

> 믿음

물소들과 함께한 하루

강명선

"산사이 루앙 학교 담벼락 옆 골목으로 꺾어 들어와 한참 오면 구멍가게가 있고 그 가게를 지나 비포장 길 따라오면 들판이 나와요"

피녹의 자세한 설명에도 몇 번을 헤매다가 겨우 찾을 수 있었던 곳, 흔한 구글지도에도 나타나지 않는 곳. 피녹이 하루 종일 일하고 있는 들판을 만났다. 21마리의 시꺼먼 물소들과 함께 보이는 피녹의 구부정한 모습이 도착점을 알려주었다. 이곳이 피녹의 새로운 일터였다.

그동안 피녹은 매일 들길 따라 자전거를 타고 다니며 야채를 캐내어 시장에 가서 파는 일을 해 왔었다. '땀릉'(담을 기어오르는 덩굴식물)이나 '마라 키녹'(새똥같이 생긴 쓴 열매), '곽붕'(모닝 글로리)을 따다가 시장 길목에 펼쳐 놓으면 금세 동이 난다. 그야말로 이슬 먹고 자란 무공해 야채인지라 이를 기다린 이웃들이 다투어 사고, 피녹의 밝고 털털한 사교성이 단골을 이끌어 내기 때문이다. 그러나 이른 아침부터 들길을 헤치며 마련해 온 수고가 아까울 만큼 싼값으로 팔리니 겨우 100-

200밧 수입만 줄 뿐… 늘 하루살이의 삶이었다.

그러나 최근에 일당 350밧을 받는 일거리가 생겼다. 물소들 돌보는 일이다. 인가가 먼 들판에 물소들을 풀어놓고 맘껏 풀을 뜯어 먹도록 돌보는 일인데 주일도 물소들을 버려 둘 수가 없어 교회를 못 나온다. 게다가 메요이 마을 셀모임도 못 나오니 나로선 안타까운 맘이었다.

예수님을 영접한 후 열심히 신앙생활하려는 그녀에게 좋은 일거리 달라고 기도했는데 과연 기도 응답은 되었지만 주일 성수에 대한 문제를 싸워 나가야 할 일이었다.

술꾼 친구들이랑 어울려 빈둥거리는 피녹의 남편이 변화되어 일거리를 구할 수만 있다면, 아니 피녹 남편이 대신 물소 돌보는 일을 주일만이라도 해 준다면 좋으련만…

나는 3년 전 콕무빠(멧돼지 우리)마을에서 피녹을 처음 만났다. 비쩍 마르고 구부러진 등에 술 중독에 의한 위경련으로 고개를 못 가누고 있는 그녀에게 복음을 전했다. 피녹 옆에는 엄마보다 더 덩치가 큰 딸이 어두운 얼굴로 함께 있었다. 초등학교를 졸업하고 돈이 없어서 중학교도 못 가고 그냥 집에만 있다고 했다. 중학교 2학년 나이였다. 엄마 아빠 둘 다 술 중독에 빠진 이 가정에서 무엇을 배우며 자랄 수 있었을까? 너무 안타까워 쌀과 필수품들을 사서 도와주며 계속 방문했고 그들은 예수님을 영접하고 하나님의 자녀가 되었다.

그 후 그 딸은 원래 친구들보다 늦었지만 중학교를 들어가 지금 잘 해내고 있다. 피눅도 술을 끊고 정상적인 생활을 하니 살도 찌고 굽은 등도 많이 펴지고 이젠 물소를 돌볼 만큼 건강한 사람이 되었다. 하나님 안에서 잘 자라 세례도 받았다. 그런데 물소를 돌보느라고 예배를 드리지 못하니 그날 단단히 마음을 먹고 그녀의 들판을 찾아갔다.

그녀는 9시-5시까지 하루 종일 들판에서 물소 돌보는 일을 하니 나무 그늘에 돗자리 깔고 앉아 함께 성경을 읽으며 기도할 여유가 있으리라 생각하며 다시 격려하고 주님께 나아오도록 믿음을 굳혀 나갈 생각이었다.

드디어 삐걱대는 자전거를 타고 우리를 맞이하러 나온 피눅의 안내로 들판으로 들어갔다.

"차는 큰길에 세워 두고 걸어오세요. 낯선 차가 가까이 오는 걸 보면 물소들이 놀라서 날뛸 수 있어요."

걸어가는 들길은 살인 더위를 뿜어대고 있었다. 여기저기 흩어져 풀을 뜯고 있는 검정 물소들이 외부인을 알아채는 듯 빤히 쳐다보며 어슬렁어슬렁 다가왔다.

태국엔 멍청한 사람을 일컬어 '에이 물소 같은 놈'이라고 욕을 하는데 이렇게 눈치 빠른 녀석들을 왜 그렇게 비유할까? 내가 붉은색 계통의 셔츠를 입은 탓에 공격해 올 수 있다고 피눅이 겁을 주는 바람에 조금은 긴장이 되어 녀석들의 눈치를 살필 수밖에 없었다.

뿔이 달린 시꺼먼 물소 떼들이 함께 공격한다면 정말 살아남을 길이 없을 것 같았다.

열기 속 들판의 오아시스는 아름드리나무 그늘이다. 때 묻은 돗자리에 풀어 놓은 피녹의 쉼터가 우리를 반겨주었다. 거기서 21마리의 물소들이 지켜보는 가운데 우린 찬양하고 말씀을 읽었다. 주님께 올려 드리는 들판 예배는 초록빛 바람과 함께 나무 아래 머물고 그곳은 진정 우리 영혼의 오아시스가 되었다.

그러나 이 한가로운 시간은 잠시 뿐, 피녹의 예리한 감지능력은 다른 주인의 물소들이 이 영역에 침범한 것을 알아챘다. 그녀는 순간 새총을 든 채 물소들에게 달려갔다. 메고 있던 가방 속에서 작은 돌들을 꺼내어 물소들을 향해 새총 고무줄을 튕겼다. 돌에 맞은 물소들이 우르르 자기 영역으로 도망치기 시작했다. 내버려두면 여기 물소들과 서로 엉켜 싸우게 되어 다치거나 수풀에 고삐가 엉켜 어려움을 당한다고 했다. 여기 물소들을 지키며 보호하는 일이 그녀의 일이기에 마치 양치기 다윗을 닮은 물소치기 피녹을 보았다. 다윗처럼 그녀는 물맷돌로 자기 물소들을 지키고 있었다. 성경 이야기가 내 눈앞에 피녹을 통해 꿈틀거리고 있었다.

"소 한 마리 가격이 2-3만 밧(80-100만 원)이에요. 내가 21마리를 돌보고 있으니 50-60만 밧(약 2000만 원) 주인 재산을 돌보고 있는 거예요. 책임감 갖고 잘 키워야지요." 매사에 열심 있고 책임감이 있는 피녹. 배운 게 없고 가난하게 살아도 참 양심적인 피녹의 눈빛이 한낮의 태양만큼이나 강하게 빛났다.

다시 성경 읽기를 계속하고 나눔을 하는데 수시로 저쪽의 물소들이 접근해 오는 게 아닌가? 잠시라도 방심하면 이쪽 영역을 침범하고 말썽을 일으킬 것임에 틀림없었다. 피녹은 다시 새총을 쥐고 달려갔다. 도대체 집중해서 성경을 읽을 수가 없었고 소를 지키는 일이 결코 나무 그늘 아래에서 한가로운 하루를 엮는 소일거리와 같은 쉬운 일이 아님을 알 수 있었다. 침범하는 소들을 막아 내느라 땡볕에서 이리 뛰고 저리 뛰는 피녹의 구부정한 뒷모습이 안쓰럽기 그지없었다.

함께 간 피랙과 나로선 이웃 소 떼들의 침범을 도와줄 수 없어 미안하기만 했다. 다만 세월을 싸우고 살아 온 피녹의 거친 손을 붙잡고 주일날만이라도 물소 떼를 대신 맡아 줄 사람이 생겨 교회 나올 수 있기를 기도해 주었다. 비록 처음에 예상한 대로 성경을 실컷 읽지 못했지만 말썽 피우는 소 떼들의 방해 가운데서도 잠시나마 나눈 피녹의 고달픈 삶을 함께 느껴본 것만으로 충분한 날이었다.

"나는 산띠탐 동네에서 태어났어요. 치앙마이의 창녀촌 골목에서요. 아빠가 누군지도 몰라요. 내가 초등학교를 졸업하게 되니 엄마가 해 오던 일을 내게 맡겨서 무서워 산띠탐을 떠나 왔어요. 그런데 결국

나도 에이즈에 걸렸다는 것을 10년 전에 알게 되었어요. 보고 배운 게 없으니 맘 내키는 대로 살다가 술 중독에 빠져 있을 당시에 강 선교사님을 만난 게 축복이었죠. 이제 주님의 은혜를 알았으니 나 같은 사람들에게 열심히 예수님을 전하며 살 거예요."

쉽지 않게 털어 놓은 그녀의 과거 이야기가 애잔한 눈물 되어 내 맘에 맺혔다.
아침에 그녀가 가지고 온 듯한 메말라진 찹쌀밥과 닭다리 하나, 물한 병이 물끄러미 정오를 알렸다. 우리가 사가지고 간 수박 한 덩이가 지친 그녀에게 촉촉한 위로가 된다면 좋겠다.
그러나 그녀에겐 충분히 만족스런 이 일자리.21마리의 물소들과 정신없이 바쁜 그녀의 하루는 내가 알지 못하는 충분한 행복이리라.

"아이쿠. 한쪽 눈이 멀어 맘대로 풀을 못 찾는 소를 도와줘야 해요. 내가 멀리 배웅 못 해도 조심히 가세요. 소똥 밟을라 조심하고…"
나뭇가지에 찔려 눈이 멀게 된 소를 특별한 애정으로 아끼며 쓰다듬고 있는 피녹에게서 진한 감동을 안고 나오는 길. 소똥 밟을까 몸 사리는 것은 사치스러움이 된다. 텃세 부리듯 요염하게 지나가는 뱀만 만나지 않으면 족하고, 더위를 막고 서 있는 착한 풀숲 그늘이 우리를 배웅해 주었기에 고마웠다.
우리를 향해 손을 흔드는 피녹의 구부정한 모습과 함께 졸리운 오후녁을 풀어 줄 한 뼘의 낡은 돗자리도 멀어지고 눈먼 소의 순진한 울음이 들리는 듯한 들길을 벗어나며 피녹의 소박한 하루를 가슴에 품고 떠나왔다.

나는 이렇게 물소들과 함께한 값진 하루를 오래도록 품어 둘 것이다.

강명선 선교사
태국주재 한인선교사회 북부지회 소속
사역 도시 치앙마이
사역 기간 30년

`2등 믿음상 수상작품`

행복한 사람

정영란

대학교 3학년 겨울 방학 때 살아계신 하나님을 만났다. 모든 사람이 죄를 범하여 하나님의 영광에 이르지 못하는 죄인임을 알게 되었다. 행위로 의롭게 될 수 없고 오직 믿음으로만 의롭게 됨을 깨달았다. 육체의 욕심을 십자가에 못 박고 성령의 열매를 사모하게 되었다. 십자가는 내 인생을 주의 보혈로 물들였다. 생명 있는 모든 것들이 아름다웠고 하나님께서 창조하신 모든 것들이 위대하게 다가왔다. 나는 주님의 전달자가 되기로 결단했다.

1991년 1월 신학 대학원생과 결혼했다. 사모가 되기에는 부족한 신앙 초보자였지만 28세 나이에 전도사 사모가 되었다. 강도사 사모, 부목사 사모를 거치고 담임목사 사모 시절을 보냈다. 사랑할수록 행복했고 충성할수록 기쁨이 넘쳤다. 담임 목회 7년이 지나고 남편은 선교사로 헌신하였다. 남편의 소명에 주저하고 있는 나에게 주님이 찾아오셔서 말씀하셨다. "두려워 말라. 놀라지 말라. 걸음걸음마다 내가 너와 동행할 것이다." 그리스도의 사랑을 전하도록 부르셨고 입을 벌려 복음의 비밀을 알리도록 명하셨다.

　2004년 8월 파송 예배를 드리고 한국을 떠나 태국 던므앙 방콕국제공항에 도착했다. 공항 건물을 빠져나오자 습하고 무더운 기운이 온 몸을 감쌌다. 하늘에서 회색빛 구름이 내려다보며 반기는 듯했다. 낯선 사람들이 분주하게 오가고 있었다. '주님 저들을 불쌍히 여겨주시고 저들에게 구원을 주소서' 기도하며 걸어 나왔다. 노숙자로 보이는 남루한 남자가 힐끔 쳐다보았다. 싱긋 미소를 보냈지만 마음은 눈물이 흘렀다. 영혼을 사랑하게 하시고 긍휼히 여기게 하셨다. 모든 믿는 자에게 구원을 주시는 복음을 전하게 하시려고 나를 불러 보내신 것을 다시금 깨달았다. 가난한 자에게 복음을 전하게 하시고, 포로가 된 자에게 자유를 전하게 하시려고 하나님은 내게 성령을 주셨다, 눈먼 자를 다시 보게 하시고, 눌린 자를 자유하게 하시려고 이 땅을 밟게 하셨다. 지극히 작은 자보다 더 작은 나에게 맡겨 주신 것은 오직 주님의 비밀을 전하는 것이다.

　태국 땅을 밟고 선교사가 된 지 4년 4개월이 지나가고 있었다. 한국교회의 기도와 지원과 헌신으로 깐짜나부리 지역 세 곳에 건축으로 교회가 개척되었다. 한 곳은 월세로 임대하여 개척하고 있었다. 주일은 시간차를 두고 오전에 두 곳, 오후에 두 곳으로 순회하면서 예배드렸고 주중은 캐리어를 싸서 1~2일씩 머물며 네 곳을 이동하면서 사역하였다. 청년, 대학생인 단기 선교사 4~5명이 함께 하였다. 형제자매들의 은사대로 피아노, 영어, 한국어와 태권도를 가르쳤다. 천지창조와 예수님께서 하신 일들을 그림으로 그리고 색칠했다. '돈으로도 못 가요 하나님 나라', '예수 사랑하심은', '눈눈눈 성경 보고요' 가사를 스케치북에 썼다. 놀이터에 나가서 돗자리를 깔고 예수님을 전하고 노래를 가르쳤다. 과자를 나누고 함께 신나게 놀았다. 아이들은 기뻐했고 우리도 행복했다. 예수님의 사랑이 아이들의 눈동자 속에 비취었다. 주님은 그곳에 함께 계셨다.

이른 저녁 시간에는 마을을 한 바퀴 돌며 비누, 치약, 수건 등과 함께 전도지를 나누었다. 늦은 저녁 시간에는 4년 남짓 배운 실력으로 단기 선교사들에게 태국어를 가르쳤다. 생활 회화와 전도에 필요한 말씀을 가르쳤다. 6개월에서 1년 단기로 오는 선교사들은 계속 바뀌고 있으니 언어를 가르치는 일은 여러 차례 반복되었다. 나는 언어를 배우고 가르치는 일을 좋아했다. 그래서 이 시간들이 매우 즐거웠다. 남편은 다섯 번째 교회를 건축해야 한다고 통보하였다. 사역비가 부족하니 아이들 학비를 줄이자고 제안하였다. 선교를 위해 모든 것을 내려놓을 수 있다고 장담했었다. 하지만 자녀 교육에 관한 일은 믿음의 시련이었다. 걱정으로 인해 마음과 생각에 평강이 없었다. 중학교 3학년이 되는 첫째 아들, 초등학교 6학년이 되는 둘째 딸은 기약 없는 휴학에 들어갔다.

어느 날 심한 체기가 있었다. 며칠째 소화가 되지 않았다. 물도 삼키기 힘들었다. 알고 보니 입덧이었다. 3주 만에 체중이 9kg 감량되어 병원 신세까지 지게 되었다. 허약한 체질에 선교지의 무더운 날씨와 음식들로 체력이 바닥을 쳤다. 주위의 도움과 기도로 차츰 건강을 회복하였다. 10개월을 채우고 산모 나이 45세 막바지 12월 17일 막내를 출산했다. 새 생명 탄생의 기쁨과 동시에 근심이 함께했다. 자녀의 교육 문제와 막내의 육아가 짐이 되어 힘겨웠다. 하늘이 주시는 평안은 기도할 때만 왔다가 사라졌다. 내일 일을 위하여 염려하지 말라 내일 일은 내일 염려하고 한 날 괴로움은 그날에 족하다고 되뇌지만 오늘보다는 내일을 염려하였다. 하나님께서 약속하신 것은 재앙이 아니라 평안이요 장래에 소망을 주시려 함이다. 썩지 아니할 면류관을 얻고자 달음질하는 자마다 모든 일에 절제해야 한다. 하나님은 함께할 것을 약속하셨고 항상 동행하고 계셨다. 내가 너를 굳세게 하리라, 참으로 너를 도와주리라, 의로운 오른손으로 너를 붙들리라는 말씀은 견고한 반석이 되었다. 언약을 지키시는 주님을 묵상하며 나아갔다. '사랑합니다 나의 예수님. 사랑합니다 아주 많이요. 사랑합니다 나의 예수님. 사랑합니다 그것뿐예요. 사랑한다 아들아. 내가 너를 잘 아노라. 사랑한다 내 딸아. 네게 축복 더 하노라.' 눈물이 어리고 목젖이 아려왔다. 주님 주시는 한없는 평안이 찾아왔다.

막내가 3살이 되어 수유가 끝나갈 무렵이었다. 방콕 한국 국제 학교에서 2011년 현지 채용 교사모집이 있었다. 나는 대학에서 불어 불문학을 전공했었다. 졸업장, 교사 자격증과 이력서를 제출했다. 면접을 통과하고 태국어 과목을 가르치는 강사로 채용되었다. 출산과 육아로 보낸 2년 반 시간을 포함해서 7년 정도 학습한 언어 실력이었다. 하루의 사역을 마치고 늦은 시간까지 단기 선교사들 언어를 반복하여 가르치게 하신 것은 하나님의 계획하심이 분명했다. 경이로운 주님의 인도하심, 작은 신음에 응답하시는 주님을 목도했다. 두 아이의 휴학은 복학으로 전환되었다. 아들딸은 마냥 기뻐했고 나는 온전히 주님의 이름만을 찬송했다. 새벽 4시 기상으로 교회, 학교, 집을 돌며 주어진 일들을 해나갔다. 남편은 북부, 서부, 남부, 중부지방으로 종횡무진 했다. 남부 꺼팡안에 여덟 번째 교회 건축과 방콕에 아홉 번째 교회와 센터를 개척하였다. 빈민 마을을 다니며 장학금과 생활필수품을 나누었다. 신학생 성경 공부와 현지 목회자 모임을 만들어 나갔다. 확장되는 사역 속에 남편에게는 선교사 이외의 역할은 기대할 수 없었다. 남편은 맡겨진 사명에 충성된 일꾼이었지만 아내를 헤아리는 남편, 자녀와 함께하는 아빠가 되기는 어려웠다. 아내의 몫이 힘겨워 남편을 기쁘게 응원해 주지 못하는 날들이 많았다. 이 또한 나의 사역인 것을 깨닫고 회개하였다. 엄마, 아내, 사모, 선교사, 교사로 맡겨진 일들을 잘 감당할 수 있게 해달라고 하나님을 향해 간구했다.

2019년 1월 막내의 학생 비자발급을 위해 한국을 방문해야 했다. 방콕 공항 직원이 오랫동안 본국을 방문하지 않은 이유를 물었다. 여권 페이지에 2011년 10월 이후 출입국 도장이 찍혀있지 않았던 것이다.

비로소 지나간 시간을 셈해 봤다. 파송 후 20년간 친정어머니와 만남은 10번 남짓했다. 나도 늦둥이로 태어나 각별한 막내 사랑을 받았다. 친구같이 수다 떨며 모든 속내를 나누는 모녀 사이였다. 선교지의 바쁜 일상이 어머니를 향한 그리움을 마비시켜 버린 것일까. 어쩌다 통화할 때 어머니 말씀이 길어지면 바쁘다고 서둘러 끊으려고 했다. 빛바랜 어머니 사진 한 장을 지갑 속에 넣어 다니는 것으로 위로 삼았다. 2024년 1월 21일 주일 새벽 4시 어머니의 부고 소식을 받았다. 주일 밤 비행기를 타고 월요일 아침 한국에 도착했다. 어머니의 눈동자 속에 나를 담을 수 없을 때 한걸음에 달려갔다. 한마디 말도 나눌 수 없을 때 서둘러 달려갔다. 어리석음과 회환이 밀려들었다. 부모는 기다려 주지 않는다는 세상 시간을 기억하고 있었지만 눈앞의 현실을 살아가느라 이별의 시간은 와버렸다. 여러 해 간호로 힘들었던 오빠들과 언니는 92세로 소천하신 어머니를 편안하게 보내는 것 같았다. 하지만 불효녀 막내는 3일장 내내 "미안해 엄마"를 마음속으로 외쳤다. 영정 사진 앞에서 소리 내어 말했다. "죄송해요 엄마" 뉘우침이 쌓여 안타까움이 되고 슬픔이 되고 덧쌓여 눈물이 되어 흐른다. 어머니의 유언을 듣고 싶었다. 임종을 지키지 못한 자식은 들을 자격이 주어지지 않는다. 엄마는 무슨 말을 남기고 싶으셨을까. 탄생과 죽음은 언제나 우리 가운데 있다. 죽음 너머에 생명과 부활이 있으니 본향에서 재회하면 될 것이다.

올해 내 나이 환갑. 가르치는 일은 14년째 계속되고 있다. 학교에서 일하고 있을 때 첫날 같은 설레는 감사가 있다. 나보다 더 나를 사랑하시는 주님을 대면하기 때문이다. 코로나 팬데믹 기간에도 화상 수업으로 학생들을 가르칠 수 있었다. 외부 활동이 제한된 격리의 시간에도 인터넷으로 선교사님께 언어를 가르칠 수 있었다. 부족하고 연약한 나를 부르셔서 귀한 일을 맡겨주신 주님께 감사와 찬양을 올렸다. 첫째 아들은 미국 신학 대학과 신학대학원을 졸업한 전도사가 되었다. 신학 박사 과정을 앞두고 현재 채플 선생님으로 수원 외국인 학교에 재직 중이다. 둘째 딸은 기독교 국제학교에서 사회과학을 가르치는 교사가 되었다. 학비가 없어 학업을 중단해야 했던 일은 주님이 허락하신 축복의 시간이었음을 고백한다. 하나님께서는 사람이 측량할 수 없는 방법으로 자녀의 진로를 인도하셨다.

 선교의 길에 함께 걸으며 힘이 되어 주었던 아들딸이 감사하다. 고등학교를 졸업한 후로 떨어져 살게 된 첫째 아들이 그립다. 아들의 짝이 된 며느리와 2살 된 손녀가 보고 싶다. 교직 생활을 위해 떠나 살고 있는 딸과 손 맞잡고 도란도란 이야기를 나누고 싶다. 고등학교 1학년인 막내도 지금은 함께 있지만 곧 곁을 떠날 것이다. 나는 어머니께 속죄하는 마음으로 자녀에게 부담을 주지 않고 그리움을 견뎌내야 한다. 장례식을 치르며 3남매 아들딸에게 남길 말을 생각해 보았다. 임종을 지키지 못할 때를 대비해서 유서를 써놓고 싶다. 아니면 유언을 녹음해 놓고 싶다.

"사랑하는 아들딸에게

우리의 돌아보는 것은 보이는 것이 아니요 보이지 않는 것이니 보이는 것은 잠깐이요 보이지 않는 것은 영원함이니라. 세상 살아가는 동안 너희들로 인해서 엄마는 행복했다. 사랑함으로 모든 것을 견딜 수 있었다. 흔들리지 않고 피는 꽃은 없다. 너희들이 있었기에 엄마 꽃은 아름답게 만개했다. 육체의 죽음 앞에서 슬퍼 말아라. 흙에 속한 자의 형상을 입은 것같이 또한 하늘에 속한 자의 형상을 입을 것이고 썩을 것이 썩지 아니할 것을 입겠고 죽을 것이 죽지 아니함을 입을 것이다. 엄마가 가는 길은 천국의 소망으로 외롭지 않다. 우리의 시민권은 하늘에 있음을 항상 기억하고 하나님을 사랑하고 이웃을 사랑해라. 기뻐하며 감사하며 기도하며 자족하는 마음으로 매일을 살아가거라. 민하, 민혜, 노아야! 사랑하고 축복한다."

선한 싸움을 싸우고 나의 달려갈 길을 마치고 믿음을 지킨 후 돌아갈 본향을 생각하면 흐뭇하다. 100세 시대를 살아가면서 나는 60의 나이에 죽음을 직시한다. 세상 시간의 유한함을 인식해야 삶을 선명하게 바라보며 천국을 대면할 수 있을 것이다. 묘비명에 "하나님의 사랑을 입은 행복한 사람"이라고 새기고 싶다. 나는 평생 사랑을 받아 행복한 사람이었으며 사랑을 줄 수 있어 행복한 사람이었다. 하나님께서 인도하실 나의 남은 시간들을 기대하며 마지막까지 하나님이 부르신 부름의 상을 위하여 좇아가는 삶을 살 것이다. 마음과 성품과 힘을 다해 하나님과 이웃을 사랑하는 자녀가 되어 하늘로부터 오는 행복이 아들딸 속에 충만하기를 기도한다. 맡겨진 일상을 충성되게 살아내고 그리운 부모를 만나면 좋을 것이다.

정영란 선교사
태국주재 한인선교사회 중부지회 소속
사역 도시 방콕
사역 기간 20년

믿음

기도의 증표

박영신

매주 목요일, 파얍 대학교에서 태국인 교수님과 태국어 공부를 합니다. 4월에는 두 건의 수련회와 금식 기도 때문에 태국어 공부를 많이 빠졌기 때문에, 더 이상 미룰 수 없어 평소보다 일찍 공부 장소에 도착했습니다.

뜨거운 태양빛을 피하기 위해 그늘을 찾아 차를 세웠습니다. 30분 정도의 여유가 있어 10분이라도 눈을 붙이고 싶었고, 아내 역시 저와 같은 마음이었습니다. 쉬려고 눈을 감았는데 문제가 있었습니다. 40도가 넘는 뜨거운 태양빛이 그늘을 뚫고 들어와 차 앞 유리를 뜨겁게 달구고 있었습니다.

앞 유리라도 가리면 좋겠다고 생각하던 중, 마침 이전 주 팀 수련회에서 사용했던 현수막이 생각났습니다. 이를 사용하여 앞 유리를 가리니 "하나님 감사합니다"라는 말이 절로 나왔습니다. 요나에게 기쁨을 준 박 넝쿨이 있다면, 저희에게는 현수막이 있었습니다.

아내와 눈을 감고 얼마나 쉬었을까요? 눈은 붙였지만, 쉽게 잠들지는 못했습니다. 불편해서 눈을 떴는데, 무언가 제 눈에 들어왔습니다. 그것은 태양빛을 가리기 위해 사용한 현수막에 그려진 세 마리의 나비 그림이었습니다. 순간 입에서 조용히 말이 흘러나왔습니다. "하나님, 이것이 제게 보여주시는 증표입니까?"

이렇게 고백하게 된 것은 교회 개척을 위해 금식 기도하면서 기도의 증표를 보여 달라고 부르짖었기 때문입니다. 교회를 개척할 지역과 건물을 두고 기도하면서, 하나님의 명확하고 확실한 응답을 바랐습니다.

몇 달 동안 여러 지역과 장소를 두고 기도했습니다. 아내와 저는 여러 지역과 장소에서 갈팡질팡하며, 누군가 추천을 하거나 이야기를 해주면 바로 그 지역으로 가서 정탐했습니다.

여러 지역과 장소를 두고 고민하면서 몇 달 동안 기도했습니다. 누군가 추천을 하거나 이야기를 해주면, 바로 달려가 그 지역을 정탐했습니다. 그러나 확신이 없었기에 이곳저곳 기웃거리기만 했습니다. 하지만 그것이 나쁜 것만은 아니었습니다. 이 과정에서 치앙마이를 충분히 알고 경험할 수 있는 귀한 시간을 가졌기 때문입니다.

믿음 편

기도와 정탐을 거듭한 끝에 선택의 기로에서 기도하던 지역이 바로 싼피쓰아 지역이었습니다. 우리말로 번역하면 '나비 언덕'이라는 뜻입니다. 그리고 이러한 나비 언덕, 곧 나비들이 날아다니는 모습을 저의 차 안에서 발견한 것입니다.

금식 기도를 하며 "어디입니까? 씰라피? 싼깜팽? 싼싸이너이? 어느 쪽입니까? 주여 말씀하옵소서. 주의 종이 듣겠나이다"라고 기도했던 저의 기도가, 금식 기도 마지막 날 하나님께서 응답해주신 것입니다.

물론 우연이라 할 수 있습니다. 그냥 지나쳐도 될, 깊게 신경 쓰지 않아도 될 작은 일이라 할 수 있습니다. 그러나 중요한 것은, 작은 우연 또한 기도한 자에게는 응답이자 기적이라는 것입니다. 하나님께서는 그 우연도 기적으로 응답하시는 분이시기 때문입니다.

기도할 때 일어나는 우연 같은 섭리를 성경에서 자주 볼 수 있습니다. 에스더 6장 1절에서 하필 그날 밤에 왕이 잠이 오지 않은 것은 우연일까요? 할 일이 많은 왕이 하필 그때 역대 일기를 읽은 것도 단순한 우연일까요? 그 많은 내용 중에서 유독 모르드개와 관련된 부분을 보고 읽게 된 것도 우연일까요? 공을 세웠으나 아무런 보상이 없던 그가 바로 그 순간에 공로를 인정받게 된 것도 그러한 것일까요?

차 앞 유리에 비친 선명한 세 마리의 나비가 왜 이리도 반갑고 좋은지 모르겠습니다. 분명 하나님께서 보여주신 기도의 증표라고 믿어 의심치 않습니다. 의미 있는 응답이자 손으로 만질 수 있는 증표입니다. 더 나아가 눈으로 확인할 수 있는 기도의 응답으로 믿습니다.

저는 기도의 응답으로 싼피쓰아 지역에 씰라만콩 교회를 개척할 수 있었습니다. 지역 이름을 따서 교회 이름을 짓고 싶었지만, 태국어로 '피'는 귀신을 가리키는 단어이기에 굳이 이를 교회 이름에 넣고 싶지 않아 견고한 반석(교회)으로 지었습니다.

그때부터 지금까지 8년 동안 싼피쓰아 지역을 위해 기도하고 복음을 전하고 있습니다. 이전에 하나님께서 나비 그림으로 기도에 응답을 해주셨다면, 이제는 교회의 열매로 그 응답을 보이시는 것 같습니다. 더욱이 감사하며 기쁨으로 나아가길 바랍니다.

박영신 선교사
태국주재 한인선교사회 북부지회 소속
사역 도시 치앙마이
사역 기간 11년

믿음

양의 털을 입고, 먹고 살다

이정영

　1993년 3월 25일, 비행기를 내린 돈무앙 공항은 참으로 무더웠다. 이는 마치 이 나라에서 과연 내가 자비량 선교사로서, job을 얻고 비자를 받아서 정착해야 하는 불투명한 나의 미래를 날씨로 예측이나 해 주는 듯 숨이 턱턱 막혔다. 그래서 선교지에 첫 발을 내딛는 나의 마음은 외지에 대한 설렘이나 기대감은커녕, 외롭고 쓸쓸하고 무서웠다.

　나는 1990년 코이카 1기로 스리랑카에서 유치원 교사를 양성하는 강사로 2년간 근무하였다. 그때, 일본에서 교환학생으로 온 히토미 자매와 UNDP를 통해 지역개발 팀 소속으로 온 태국 지라판 자매에게 복음을 전하여 꾸준하게 성경을 가르쳤고 함께 예배드렸다. 그러나 우리는 계약 기간이 끝나 각각 자기 나라로 돌아갔다. 그런데 우리 선교부에서는 나의 선교 열매가 지라판 자매라며 태국 선교 방향을 주어서 결혼한 후, 남편과 나는 태국에 오게 되었다.

　우리는 고정 월수입이 없이 결혼 지참금으로 언어 학원을 다니며 생활하니 그 돈은 금세 바닥이 났다. 그래서 아무도 모르게 귀국하고

자 짐을 쌌다. 나의 어머니도, 시어머니도 힘들고 지치면 언제든지 돌아오라고 했기 때문에 거칠 것이 없었다. 내일이면 덥고 후덥지근한 이곳을 미련 없이 떠난다는 기쁨으로 그 밤을 보냈는데, 갑자기 이 땅에서의 마지막 기도를 해야 할 것 같은 마음이 들어서 잠자리에서 일어나서 기도했다. 남편의 기도가 끝나고 내가 기도하였는데, 성령님이 스가랴 11:17 말씀을 주셨다. "화 있을진저 양떼를 버린 못된 목자여…" 마음에서 작게 시작된 이 말씀이 귓전을 때리기까지 크게 번지면서 나는 '양이라고는 늙고 말도 안 듣는 나보다 10살이나 많은 노처녀 지라판 자매 한 명뿐인데, 양떼는 무슨 양떼'라며 볼멘소리를 하면서 보따리를 풀었다. 사실은 만약 내가 도망가면 나는 정말 하나님께 큰 화를 당할 것 같은 두려움이 있었기 때문이었다.

그렇게 30년이 흘렀다. 가뭄에 콩 나듯이 양들이 에백으로 부터 왔다가 때가 되면 약속이나 한 듯 다 떠나갔다. 나는 에백 대학생 양들을 잘 치려고 에백 대학원에서 2005년 1월, 논문과 졸업시험, 또 토플 시험까지 거쳐서 교육석사도 받았건만, 에백 대학에서는 단 한 명도 남은 자가 없었다. 오직 두 명의 신실한 양만이 비가 오나, 바람이 부나, 더우나 예배 자리를 지켜주었는데, 그들은 둘 다 미국에서 석사, 박사를 한 수재들로 까셋샷 대학교 컴퓨터 공학과 교수들이었다. 하나님이 우리를 긍휼히 여기시고 미국 UBF에서 전도되어 2년간 성경공부 한 와처리 자매 교수를 보내 주셨다. 그녀는 좋은 직장을 다니고 있었지만, 우리의 소원대로 대학 복음화를 위해서 컴퓨터 공학과 풀타임 전임 교수가 되었다. 그래서 나는 자연스럽게 컴퓨터 공학과를 드나들며 같은 과 교수인 몽콘 교수를 위해 1년 동안 기도하며 전도하였다. 그러나 그는 복음에 대해 전혀 관심이 없었지만, 좋은 기회가 왔다. 와처리 자매 교수 생일 파티가 있는 주일 3월의 마지막 주일날에, 그가 와서 누가복음 5:1~17말씀을 받고 매주 주일 예배에 나오면서 믿음이 자랐다. 그래서 그들은 2001년에 결혼을 하였고, 지금까지 26년 동안 하나님의 신실하고 좋은 동역자가 되었다.

어느 날 몽콘 교수가 자기 수하에 있는 연구원이자, 대학원생 12명을 모아서 남편에게 일주일에 한 번씩 캠퍼스에 와서 성경을 가르쳐 달라고 부탁하였다. 우리는 기쁨으로 흔쾌히 그의 제안을 받아들였고 5년을 카셋삿 대학교에서 성경을 가르쳤는데, 결국 남은 자는 땀폴 목자 1명이었다. 그래서 우리는 물질이 많이 들지만 출라롱콘과 까셋삿 대학 개척을 위해서 2005년 시내 중심인 파야타이로 이사했다. 하나님은 우리의 결단과 희생을 기뻐하시고 출라롱콘 대학교에서 영적 소원이 많은 차니사 자매를 예비해 주셨다. 그녀는 출라롱콘 건축과 3학년 재학 중이었는데, 내가 외국인이기 때문에 나를 무서워하여 교회에는 오지 않았다. 그래서 나는 매주 토요일마다 6개월 동안 학교에 가서 성경을 가르쳤다. 그런데 그녀와 나에게 결정적인 시간이 오고 있었다. 2006년 여름 수양회를 후아힌 해변에서 가졌는데, 내가 무서워서 교회도 못 오는 자매가 과연 나를 믿고 2박 3일간의 수양회에 흔쾌히 참석할 것인가가 관건이었다. 그러나 나는 이 자매를 데리고 가야만 제자 양성할 수 있는 기초를 놓는 것이기 때문에 나는 아주 절박하고도 필사적으로 그녀에게 다음과 같이 물었다. "나랑 6개월 동안 성경공부 했는데, 너는 나를 누구라고 생각하니? 너의 목자라고 생각하니? 그러면 나랑 함께 후아힌에서 하는 수양회에 같이 갈 수 있겠니?" 그러자 자매는 의외로 간단하게 고개를 끄떡이었다. 그렇게 나는 한시름을 놓았다. 그러나 정작 수양회에 가기로 된 날, 자매는 나타나지 않았다. 교회에서 기다리는 형제들, 나타나지 않는 자매로 인해서 속마음은 새까맣게 타 들어갔고 손에서는 비지땀이 났지만 자꾸 전화하면 오지 않을까 봐 노심초사하였다. 기도하면서 1시간을 기다렸더니 자매가 저 멀리서 작은 가방 하나 들고 터벅터벅 걸어오고 있었다. 행여 마음이 변하여 수양회에 안 간다고 할까 봐 무작정 차에 태우고 교회로 향했다. 그런데 교회에 태국 형제들이 많이 있는 것을 보더니 자매의 마음은 열렸고, 수양회에서도 은혜를 받아서 예배에 나오기 시작했다. 자매의 믿음이 자라나서 땀 폴 목자와 2013년 아름다운 믿음의 가정을 이루고 지금은 세 자녀의 어머니가 되었다. 그들 부부는 우리와 19년의 사랑의 관계성을 맺어온 하나님을 사랑하는 자요, 디모데와 같은 우리의 영적 자녀들이며 좋은 동역자들이다.

양들이 자라나서 목자요 동역자가 되어서 기뻤지만 반비례적으로

믿음 편 137

우리의 사업은 점점 더 어려워지게 되었다. 우리 사업은 석유 값의 변동에 따라 민감한 반응을 보였는데, 2011년 이후 해마다 적자가 되어 빚이 눈더미처럼 불어났다. 그럼에도 불구하고 우리는 회사를 통해 법인 비자를 받았기 때문에 쉽게 이 회사를 그만둘 수도 없었다. 그런데 2016년 6월 땀 폴과 차니사(온 폴린) 목자가 우리에게 사업을 그만두라고 하여 아무 대책 없이 사업을 그만두었다. EFT를 통해서 선교사 비자는 받았지만 장래문제는 짙은 안개가 덮임같이 앞이 보이지 않았다. 그런데 땀 폴 목자 가정이 우리의 필요를 채워 주었다. 그들은 우리에게 아무런 귀띔도 하지 않고 우리가 사업을 정리하자마자 매월 20,000 밧씩(약 750,000원) 생활비를 개인적으로 보조해 주었고, 지금까지 9년 동안 신실하게 우리의 쓸 것을 공급해 주고 있다. 뿐만 아니라 우리 교회에서 30주년 기념 예배를 드리는 축복도 그들을 통해서 이루어졌다. 코로나가 한창 진행 중일 때, 우리는 교회 사용하지도 않으면서 매월 비싼 월세를 내는 것이 부담이 되어 눈물을 머금고 16년 동안 사용했던 교회의 문을 닫았다. 코로나 기간에는 줌으로 예배를 드려서 문제가 없었지만, 코로나가 끝나서 대면 예배를 드려야 하는데, 교회가 없으니 우리는 매주 태국 기독교 교단의 한 방을 빌려 이동식 교회에서 예배를 드려야 했다. 2022년 12월 31일, 나는 한 해가 저물어 가는데, 새해에 대한 꿈과 비전은커녕 교회도 없이 30주년을 맞이해야 하는 현실에 대해 기도도 못 하고 의자에 앉아서 혼잣말로 넋두리를 했다. '하나님, 우리는 30주년 기념 예배를 드려야 하는데, 교회 하나 없네요.'

그런데 갑자기 내 마음속에서 '그 교회 내가 줄게'라는 마음이 들었지만, 나는 교회를 주신다는 하나님의 약속을 먼 훗날의 이야기로 받아들이고 2022년 마지막 밤을 보냈다. 그런데 하나님이 일하시니 기적 같은 일이 우리에게 일어났다. 그다음 날인 2023년 1월 1일 아침에 정확하게 9 란 밧(약 3억 원)의 돈이 헌금으로 들어와 있었던 것이다. 그 돈은 차니사(온 폴린) 자매 목자의 어머니가 소유한 부동산을 팔아서 전액을 자매에게 주었는데, 자매는 그 돈 전액을 하나님의 교회 구매를 위해서 드린 것이었다. 그래서 우리는 2023년 7월 23일, 꿈에도 그리던 우리 교회에서 감격스럽고 아름다운 30주년 기념 예배를 드리게 되었다.

나는 매주 수요일에 교회를 청소하러 가는데, 교회 구매하고 리모델링한 지 만 1년이 지났지만 아직도 교회에 갈 때마다 설렘과 기쁨이 넘친다. 양의 털을 먹고 입고 사는 나는 진정 행복한 선교사이다.

이정영 선교사(드보라)
태국주재 한인선교사회 중부지회 소속
사역 도시 방콕
사역 기간 31년 8개월

> 소망

어느 신입 선교사의 고백

신세정

우리 가정은 2020년 12월, 코로나가 한창인 시기에 첫 선교지인 태국 치앙마이로 들어왔다. 2019년에 이미 소속단체의 마지막 훈련을 마쳤으나 여러 가지 이유로 파송이 늦어지다가 드디어 상황이 정리되고 선교지에 나가겠구나 하던 찰나, 그 누구도 예상치 못했던 코로나 사태가 터져버렸다.

안개 속에 있는 듯 수개월이 흘러갔다. 선교지에 나갈 것을 생각하고 6개월 단기계약으로 들어간 월세집의 만기일이 다가오고 있었다. 아무것도 정해지지 않고 내일의 상황을 예측할 수 없는 상황에서 어린 자녀를 둔 4인 가족의 하루하루를 어떻게 이어가야 할지 막막했다. 선교사로 우리 가정을 부르시고 고비 고비 놀라운 은혜로 지금까지 인도하신 하나님이, 이제와 전 세계를 강타한 코로나 사태가 너무 심각해서 우리를 잊으신 듯했다. 우리가 가기로 되어있는 사역지인 선교사자녀 기숙사는 이미 1년이 넘도록 임시 기숙사부모에 의해 겨우 연명되어 왔고, 다음 사역자가 나타나지 않으면 존폐의 위기에 직면하게 되는데도, 하나님은 딱히 수를 쓰지 않으시고 기껏 부르심에 응답한 우리 길이 막힌 채 내버려두고 계셨다. 시간이 갈수록 분명하다고 생각했던 선교사로의 부르심도, 사역으로의 부르심도 점점 희미해지는 느낌이었다. 과연 감당할 수 있는 길인가? 혹시 하나님이 우리를 다시 한국에서 살도록 방향을 바꾸시는 건 아닐까?

침묵하시는 하나님 앞에서 점점 자신감을 잃어갈 무렵, 아이들 학교를 통해 비자를 받을 수 있는 길이 열렸다. 갑자기 열린 문은 급속도로 진행되었다. 물론 쉽지는 않았다. 태국에 들어가기 위해서는 나라에서 지정한 호텔에서 자비로 15일 격리를 해야 했는데, 4인 가족이 격리를 하려면 아무리 싼 숙소를 잡아도 600만 원이 들었다. 코로나 검사도 세 번이나 받아야 했다. 당시 뉴스에서는 커다란 면봉에 코를 찔리며 얼굴을 잔뜩 찡그리고 눈물까지 흘리는 사람들의 모습이 매일 나오고 있었다. 초1이던 딸은 그 모습을 보며 '난 절대 코로나 검사는 안 받을 거야'라고 다짐하고 있었다. 비자를 위해서 아이들 학비도 일시불로 내야 했고, 항공료는 물론이고 코로나 덕분에 여행자보험도 평소보다 몇 배나 비쌌으므로 국경을 넘는 데만 해도 말도 안 되게 큰 재정이 필요했다. 여러모로 가능할 것 같지가 않았다.

그러나 마치 제사장들이 한 발을 떼었을 때 요단강 물이 갈라졌듯이, 애써 부르심을 붙잡고 움직이기 시작하자 일사천리로 국경을 넘는 일이 진행되었다. 상황을 자세히 나눌 새도 없었는데 필요한 모든 재정이 여기저기서 흘러 들어왔고, 백방으로 알아볼 때는 어느 곳도 성사되지 않던 아이들 학교가, 이번에는 입학절차와 비자프로세스까지 무리없이 진행되었다. 마치 하나님이 '잘 기다렸다 얘들아. 이제 가자!' 하고 외치시는 것 같았다. 상황의 어려움도, 나의 혼란도, 재정의 한계도 그 어떤 것도 하나님이 여신 문을 닫을 수는 없었다. 그런 분이 불안과 초조 속에 있던 나의 누추한 순종을 받으신다고 생각하니 가슴이 벅찼다.

그렇게 우리는 현장에 있던 선교사들이 선교지를 떠나 고국으로 돌아올 때, 반대로 선교지로 파송을 받게 되었다. 15일 격리는 급하게 살림을 정리하고 한국을 떠나느라 지쳐 있던 내게 오히려 쉼이 되었다. 24시간 네 식구가 작은 공간에 복닥거리며 지내는 것도, 답답하기는커녕 사역이 시작되기 전 소중한 선물 같은 가족의 시간으로 여겨졌다.

그러나 기쁨도 잠시, 시작된 사역은 충격과 혼돈의 연속이었다. 언어나 문화적응은커녕 전임사역자가 급하게 철수해야 했기에 기숙사사역에 대한 인수인계도 제대로 받지 못한 채, 기숙사에 들어간 지 일주일 만에 학생들이 들어왔다. 코로나 때문에 온·오프라인 수업을 동시에 진행하던 학교가 돌연 치앙마이로 돌아오지 않는 학생들의 재학여부를 더 이상 보장할 수 없다고 공지했기 때문에, 부모를 따라 부모 선교지나 한국에 나가 있던 기숙사 학생들이 어떻게든 기숙사로 돌아와야만 하는 상황이었다.

타국에 사는 여러 학생들의 보호자가 되었지만, 우리는 태국도, 학생들이 다니는 학교에 대해서도, 기숙사에 대해서도 아는 게 거의 없었다. 국제 기숙사다 보니 외국학생들도 두 명이나 있었는데 영어를 생활이 아니라 공부로 배운 40대인 남편과 나에게, 십대의 네이티브 영어는 전혀 다른 말로 들렸다. 게다가 당시 대부분의 학생들에게 우리는 4번째 기숙사부모였다. 근 2년 동안 임시 기숙사부모가 왔다가 떠나기를 반복했기 때문에 아이들도 지쳐있는 듯했다. 부모와 떨어져 다른 나라에 사는 아이들이 코로나 혼돈기를 우리보다 더 불안정한 상황에서 견뎌오고 있는 것도 불 보듯 뻔했다. 한마디로 기숙사 분위기가 좋지 않았다. 십대 여럿이 모여 있을 때 어떨 거라고 쉽게 상상할 수 있는 발랄하고 왁자지껄한 분위기가 전혀 없고, 우리에게뿐만 아니라 서로의 생활에 관심이 없는 듯했다. 그야말로 삭막했다. 엎친 데 덮친 격으로 학교는 학생들에게 치앙마이로 돌아오라고는 했지만, 긴 시간 다시 온라인 수업으로 진행되었다. 교회도 문을 닫았다. 처음 보는 8명의 학생들과 24시간 동거해야 하는 상황이 된 것이다. 숨이 막혔다. 말도 잘 안 되고 아는 것도 없는 우리가 무엇을 할 수 있을지 막막했다. 아이들이 질문을 할 때 답해 줄 수 있는 것이 별로 없었다.

2021년 9월, 기숙사에 1차 코로나 바람이 불었다. 9명의 학생 중에 5명이 병원에 입원했다. 당시는 양성판정을 받으면 무조건 입원해야 하는 시기여서 입원할 병원을 찾는 것도 쉽지 않았다. 병원을 찾지 못

하면 아이들을 말도 통하지 않는 야전병원에 보내야 했으므로 어떻게든 병원을 찾아야 했다. 양성판정이 동시에 일어나지 않고 시간차를 두고 일어났으므로 남은 사람들은 새로운 확진자가 나올 때마다 새로 시작하는 격리기간을 채워야 했고, 의무적으로 두 번이나 코로나검사를 받으러 가야 했다. 남편과 나는 5명의 확진자가 기숙사에서 나오는 동안 나머지 학생들을 돌보는 동시에 확진자들의 열 체크, 병원 이송, 숙소청소 등을 모두 직접 해야 했다. 확진된 학생들과 계속해서 접촉할 수밖에 없었지만, 그 모든 일을 하는 동안 놀랍게도 바이러스가 우리를 피해갔다. 더 놀라운 것은 기숙사 소식을 들은 치앙마이에 있는 여러 선교사님들이 기숙사 격리 3주 동안 돌아가며 기숙사에 음식과 간식을 보내주셨다. 거센 물결같이 기숙사를 덮친 첫 번째 코로나 파도를 무사히 지나갈 수 있었던 것은 전적으로 많은 분들의 사랑과 기도 덕분이었다.

2차 코로나는 다음 해 3월에 발발했다. 이번엔 먼저 확진된 학생 한 명에게 우리 네 가족이 모두 전염되었다. 기숙사부모가 확진되었으니 난감한 상황인데, 그때 싱가포르에서 온 단기선교사 커플이 기숙사 헬퍼로 3개월간 치앙마이에 와있어서 우리 대신 나머지 학생들을 돌볼 수 있었다. 우리가 기숙사부모로 섬기는 3년 동안 헬퍼가 있었던 때는 오직 그 3개월뿐이었다. 놀라운 하나님의 예비하심이었다.

코로나 팬데믹이 끝나도 우리는 계속해서 변화하는 상황에 적응해야 했다. 코로나가 끝나자 학교는 이전의 모습으로 되돌아갔지만, 이전을 경험해보지 못한 우리로서는 또다시 새로운 상황을 맞이하는 꼴이었다. 처음만큼 힘들지는 않았지만 시간이 지나도 안정감을 느끼기는 어려웠다. 무게는 달랐지만 거의 매일같이 무기력과 실패감이 찾아왔다. 고국과 부모를 떠나 예민한 시기를 기숙사에서 사는 아이들, 아무것도 모르고 부모를 따라 간 선교지에서 각각의 사연을 가지고 유년기를 보낸 후 청소년이 되어 부모를 떠나게 된 선교사자녀들에게 우리는 무엇을 해줄 수 있을까. '선교사자녀를 돌보는 것이 부름 받은 선교사를 선교지로 파송하는 최전방사역이다'라는 거창한 부르심을 받고 여기까지 왔지만, 내가 과연 그 부르심에 걸맞은 사람인가 계속해서 의심했다. 부르심은 분명했고, 그래서 오직 그 확신만이 나를 붙들어주고 있었지만, 나라는 사람이 그 부르심에 적당한 사람인지는 확신할 수 없었던 것이다. 도망가지 않고 학생들과 함께 그곳에 있었지만, 그 이상 무엇을 할 수 있을지 오랫동안 답을 찾지 못하고 마음이 시끄러웠다.

그렇게 하루하루를 견뎌가던 어느 날, 주방정리를 하고 있는데 외출했다 돌아온 학생 한 명이 내게 다가왔다. 방학을 며칠 앞둔 날이었다. 곁에 온 학생이 대뜸 이렇게 이야기했다.

"이모(기숙사 학생들은 남편과 나를 삼촌, 이모라고 부른다), 저 일년 동안 기숙사에서 참 행복했던 것 같아요."

뭐라고? 행복이라고? 나는 귀를 의심했다. 며칠 뒤 다른 학생의 부모님께서 또 연락을 주셨다. 곧 졸업하는 학생의 어머니였다.

"그동안 정말 감사했어요. 우리 애가 자기는 다시 태어나도 이 기숙사로 오고 싶다고 하네요."

나는 다시 한번 의아했다. 애들이 립서비스를 하는 건가? 굳이 애들이 그럴 필요가 있을까? 그럼 정말이라고? 이런 생각을 해 나가는데 내 안에 속삭이시는 하나님의 마음이 느껴졌다.

"너의 모자람이 나에겐 아무런 문제가 되지 않아. 네가 그곳에서 얼마나 멋지고 유능한 모습으로 있는지가 중요한 게 아니란다. 내가 가라고 한 그곳에 네가 있다는 것이 중요한 거야. 그거면 충분하다. 나머지는 내가 할 수 있어."

그간의 혼돈과 눈물이 그 부드러운 음성에 녹아내렸다. 하나님이 능력 없는 나를 통해서 당신이 하고자 하시는 아름다운 일을 쉬지 않고 이루고 계시다는 것이 그때서야 보이기 시작했다. 우리가 부름받은 자리를 향해 힘써 나아가고 그 자리를 지키는 동안 하나님은 당신의 어린 자녀들을 친히 회복시키고 돌보고 계셨던 것이다. 나는 여전히 나의 모자람에서 벗어나지 못했지만 하나님은 내가 완벽해서 부르신 것도, 완벽해질 것을 요구하시는 것도 아니었다. 전능하신 하나님, 일을 계획하고 성취하시는 하나님께서 오직 작은 자의 순종을 필요로 하신다는 사실은 얼마나 우리를 안심하게 하는지! 내 작은 삶이 나의 능력에 달려 있지 않고 선하고 아름다운 일을 행하시는 하나님께 잇대어 있다는 것을 다시 한번 가슴에 새긴다.

나를 지으신 이가 하나님,
나를 부르신 이가 하나님,
나를 보내신 이도 하나님,
그러니, 염려 없이 주 위해 살리라.

신세정 선교사
태국주재 한인선교사회 북부지회
사역 도시 치앙마이
사역 기간 3년 11개월

> 소망

그리운 태국 어머니

김원희

태국에서 사역을 시작하면서 많은 우여곡절이 있었습니다. 태국 교회 개척하여 사역을 하다가 새로운 오신 한국선교사에게 교회와 태국 성도 모두 이양하고 한인교회가 없는 수랏타니 사무이섬에 한인교회를 개척하여 7년을 나컨에서 사무이섬까지 왕복 400번을 다니면서 교회를 개척하고 성장하며 사무의 한인교회를 건축하여 입당 예배를 드리고 한국선교사님에게 사무이 한인교회를 이양하고 다시 나콘시탐마랏에서 빈민가 사역을 시작하게 되었습니다.

그러면서 나컨시탐마랏에서 30킬로 떨어진 넝머 지역에 매주 목요일이면 목회자가 없는 넝머 시골교회에 가서 교회 성도님들을 심방하곤 하였습니다. 넝머교회를 지키고 계시는 권사님(태국 어머니)과 함께 시골 중에서도 아주 시골 지역에 심방을 다니면서 함께 간증도 나누고 찬양하면서 심방의 시간을 가졌습니다. 권사님의 간증에 권사님이 아주 어릴 적에 교회를 다녔고 그 시절에는 그 지역에 교회가 하나뿐이었고 시골의 많은 사람들이 함께 교회를 다녔다고 하셨습니다.

권사님이 어린 시절 불렀던 찬양을 함께 부르면서 함께 시골 할머니 할아버지들의 심방을 하였습니다. 어르신들은 연세가 많아 시골교회를 나갈 수 없었고 누가 심방이 와야만 찬양을 부르고 말씀을 듣고 기도를 할 수 있었습니다. 시골교회 목사님도 계시지 않으니, 어르신들에게 하나님의 말씀을 전해줄 사람도 없어서 저는 권사님과 매주 목요일이면 어르신들을 찾아다니면서 하나님의 사랑을 함께 나누었습니다.

　　어느 날 연세가 많이 드신 할머니를 만났습니다. 그런데 그 할머니가 유방암에 걸려서 얼마 남지 않았다는 이야기를 들었고 할머니에게 예수님을 전하고 영접하여 매주 한 번씩 찾아가 심방을 하였습니다. 그 할머니는 얼마 되지 않아 천국으로 입성하셨는데 그 얼굴이 얼마나 아름다운지 주위의 모든 사람이 놀랐고 몇 분은 예수님을 영접하여 주일에 나와 함께 예배하였습니다.

　　또 다른 어르신을 만났습니다. 그분은 어려서부터 고열로 인해 눈을 실명하신 어르신이었습니다. 그래도 그 어르신은 실명을 하였음에도 마사지를 배워서 시골의 어르신들을 마사지해 주시면서 생계를 이어가셨는데 누구도 그분에 대해 관심이 없었으나 권사님과 함께 그분을 찾아가 심방을 하면서 예수님을 전했습니다. 어르신 또한 오랜 시간 마음의 상처와 아픔이 있어서 쉽게 예수님을 영접하지 못했지만 오랜 시간 찾아가 기도해 주고 말씀도 나누면서 어르신은 마음을 열고 예수님을 영접하였습니다.

　　권사님과 저는 어르신을 심방하면서 천국에 대한 이야기를 나누며 천국에는 맹인도 없고 다리 부러진 사람도 없고 아파서 고통을 당하는 사람들이 없다고 어르신 천국에서는 예쁜 눈으로 모든 것을 다 볼 수 있다고 전했습니다. 어르신은 눈물을 흘리면서 "그 말이 진짜입니까? 천국에서는 모든 것을 다 볼 수 있습니까?"

"그럼 나도 예수님 믿고 천국에 가서 모든 것을 다 볼 수 있다는 거죠…. 그럼 나도 예수 열심히 믿으면 천국에 갈 수 있는 거죠…. 감사합니다."

"열심히 기도하겠습니다…."

어르신도 예수님을 영접하고 1년 후 주님이 부르심을 받고 천국으로 이사를 가셨습니다….

저와 권사님은 매주 목요일이면 시골 지역을 열심히 돌아다니면서 심방을 함께 다닌 지 10년 그동안 많은 어르신들이 예수님을 영접하셨고 천국으로 이사 가신 분들이 수십 명이 넘습니다.

그러던 권사님의 연세가 76세가 되던 어느 날자꾸 힘이 없다고 하시면서 심방을 갈 수 없는 날들이 늘어났습니다. 권사님이 아들과 함께 병원에 가서 검사를 하셨는데 권사님 몸 안에 암 덩어리가 큰 것이 있어서 어렵다는 소식을 들었습니다.

10여 년을 시골 마을을, 어르신들을 찾아다니면서 심방을 함께 했던 권사님 이후 8개월 정도 투병하시면서도 마음에는 늘 시골 어르신들을 위해 기도하셨던 권사님 시간이 지나면서 권사님의 몸은 암으로 인해 복수가 차고 복수의 물을 빼고 5번 이상을 하였고 점차 힘이 빠지었습니다.

저는 힘이 없는 권사님과 함께 기도하면서 권사님은 저를 자식으로 생각하고 태국 이름을 하나 지어 주셨습니다. 아짠 쌩(빛) 태국에서 선교사로 사역하면서 빛으로 살라고 이름을 지어주셨습니다.

권사님은 투병 중에도 저를 만나면 밝은 얼굴로 저를 맞아주셨고 저를 위해 온 힘을 다해 기도를 해주시면서 자기는 주님과 함께 천국에서 함께할 거니까 내가 천국에 가더라도 절대 울지 말고 기쁨으로 주님을 찬양하라고 말씀을 남겨 주셨습니다.

비가 오나 바람이 부나 따가운 햇빛이 내리비치는 날에도 권사님과 함께 시골 마을, 어르신들을 찾아가 눈물로 기도하며 찬양하며 말씀을 나누던 귀한 시간들 수십 명의 어르신들이 주님을 영접하고 천국에서 주님과 함께 권사님이 천국에 입성하실 때 기쁨으로 맞아주셨을 것을 확신하고 있습니다.

예수님이 권사님의 이 땅에서 많은 분들을 주님께로 인도하신 귀한 사역들 얼마나 칭찬해 주실지 또한 권사님이 천국에서 얼마나 상급이 클지 기대를 해봅니다.

사랑하는 권사님과의 10년 동안의 아름다운 사역들을 하면서 권사님(태국 어머니)과 함께했던 시간을 다시 한번 회상해 봅니다.

한 영혼이 주님 앞에 돌아올 때 기쁨들
한 영혼이 주님을 떠나 세상으로 다시 가버렸을 때의 슬픔

한 영혼이 주님을 영접하고 천국으로 입성할 때의 기쁨과 헤어짐에의 슬픔

권사님(태국 어머니) 사랑합니다.

오늘 권사님이 아주 그리워 지난 일들을 생각해 봅니다. 권사님과 함께 다녔던 시골길들 권사님과 함께했던 아름다운 예배의 시간. 권사님 천국에서 주님과 잘 계시죠? 나중에 저도 이 땅에서 사역 잘 마치고 주님이 부르시면 천국에서 만나요. 저의 얼굴 잊으시면 안 돼요. 사랑합니다.

김원희 선교사
태국주재 한인선교사회 남부지회 소속
사역 도시 나콘시탐마랏
사역 기간 16년

3등 소망상 수상작품

사랑이 말하게 하라

서혜미

오랜만에 4층으로 올라간다. 한글 맞춤법 1권을 꺼내 들고 몇 번이고 가르쳤던 프로그램을 다시 살핀다. 한 주에 한 번 6달이면 아쉬운 대로 한글을 어느 정도 읽고 쓸 수 있겠구나! 나름 교육과정을 간단히 짜고, OHP 필름을 잘라 한글 자음과 모음 한 자 한 자를 적은 학습 교구를 정리한다. 투명판에 매직으로 적혀 있는 글자들이 정갈하게 가로눕는다. 학생용, 교사용 두 세트를 흩어지지 않게 고무줄로 따로 묶었다.

평균 기온이 33도를 넘는 열대 지방의 타운 하우스 4층은 통풍이 잘 안 되는 구조로 되어 있어 문을 열고 들어서면 뜨거운 기운이 그 방의 침입자를 향해 달려든다. 더위도 손이 있어 숨통을 죌 수 있다는 것을 매번 느끼지만, 묶어놓은 단어카드들이 지렁이처럼 흐느적거리며 비비 말라붙은 고무줄을 여기저기 붙이고 흐트러질 때마다, 탱탱한 새 고무줄로 긴장감 있게 묶을 때의 쾌감을 맛보곤 한다.

하지만 수업만 하는 것은 알맹이가 빠진 것 같아 나눌 만한 이야기를 생각한다. 방콕에 처음으로 시내버스를 탄 날 교복을 입고 리본을 맨 여고생을 볼 때마다 설레었다는 이야기, 우연히 받은 핸드폰 번호 끝자리가 1318이라서 초등학생이 아닌 중 고등학생과 연결되었나 보다 하는 이야기. 매해 마음의 중심을 잡게 하는 경구 같은 것을 찾아 기록해 두는데, 올해는 '자리를 지키고 조용히 서 있으라. 그러면 주의 승리를 볼 것이다.'였기에 내 자리가 어딘지 매일 한 번씩 생각한다는 이야기.

그리고 오늘 오랫동안 끊겼던 한글 수업이 다시 시작되는 날이기에 아침에 산책을 하며, 한글을 가르치는 것도 내가 지켜야 할 자리가 되나 보다 생각하게 되었고, 네가 나의 자리를 지킬 수 있도록 도와주게 되었으니 고맙다는 말까지, 태국어로 간단히 생각해 둔다. 처음 만나는 친구에게 너무 많은 것을 이야기하는 건 아닌가 싶어 '분위기 흐르는 대로 가보자' 경계선을 흐릿하게 정해두는 것도 잊지 않는다.

오후의 정적 속에 키보드 두드리는 소리로 채우는 센터 사무실 안에서 아이와 만나기로 한 시간을 확인하러 스크린 속 시계를 살핀다. 3시 50분, 학교가 아직 끝나지 않았나? 약속한 시각 20분이 넘어간다. 4시 10분 급기야 라인에 들어가 메시지를 확인한다. 그 친구로부터는 어떤 메시지도 없다. 4시 15분 '길을 못 찾고 있는 건가요?' 문자를 넣는다. 4시 30분 읽지 않은 상태. 주섬주섬 짐을 챙겨 센터를 나섰다.

저녁 산책길에서 그 친구에게 나를 소개한 그의 엄마가 오히려 딸이 한글 수업 받으러 가지 않았는지 묻는다. 배탈이 나서 학교를 결석

했다는 말을 건네면서… 저녁때가 되어서야 그 친구로부터 '중간고사가 있어 다음 주부터 공부하기로 했던 거다.'라는 문자를 받는다. 잠시 혼란스럽다. 주일 식사를 준비하느라 분주할 때 받은 전화였다. 그런데 그런 말은 없었다. 마음에서 무엇인가 가느다랗게 엮어있던 실 한 올이 툭 하고 끊어진다. 이런 일에 익숙해지는 것이 바람직한 건지 헷갈린다. 중심을 잡아야겠기에 심호흡을 한다.

다음 주에 그 친구가 나타나면 어떻게 해야 하나? 책임감을 느끼게 할 여러 가지 방책들을 생각하다가 부질없다는 생각에 그만둔다. 그래도 다음 주에 그 친구가 나타나면 어떻게 해야 할지 그것은 알아둬야 할 것 같다. 그때 불현듯, 라인 프로필 사진이 떠오른다. '사랑은 모든 것을 감싸주고, 언제나 믿어주고, 희망을 버리지 않으며, 끈질기게 견디어 냅니다.' 그것이 라인으로 연결된 태국인들이 보게 되는 내 얼굴이다.

그렇다면 그 말이 행하게 하라! 이 생각이 건초 더미에 불이 붙어 일어나듯 라인 친구들 하나하나를 불러 모은다. 침을 한 번 꿀꺽 삼킨다. 이 말이 어디까지 나를 끌고 갈는지 모르나 꼼짝하지 못할 방어책도, 또는 달콤한 헛된 기대도 내려놓게 되는 해방감이 지금 나를 감싸고 있는 매우 강력한 힘인 건 부인할 수 없는 사실이다.

말없이 사무실 공간으로 쓰고 있는 2층에서 3층 예배실로 올라가는 계단 옆 쇠창살에 투명 플라스틱으로 덮어씌운 전구를 부착한다. 태국 선교사로 있는 동안 '태국어 성경을 적어도 한 번은 정독한다.'라는 목표를 세우고 어디서나 가볍게 휴대하며 읽어나갈 수 있도록 태국어

책별로 분철한 성경책에서 사무엘 상을 꺼낸다. 태국어는 띄어쓰기가 없고, 점 하나만 다르게 찍어도 의미가 달라지는 매우 까다로운 문자 체계를 가지고 있는 언어인지라, 단어들을 헤쳐 가며 의미를 파악하는 일이 고농도의 에너지를 요하는 일이기에, 아주 늦게까지 돋보기를 쓰기 않고 맨눈으로 성경을 읽고 싶다는 소망을 실현하기 위해 스크린상으로 퍼지는 전자파에 최소한으로 노출하자는 전략을 세우고, 영상물 보는 것을 극히 제한해왔다.

영화 촬영을 앞둔 배우나 체급을 조절해야 하는 운동선수가 디데이를 앞두고 들어간 고강도의 다이어트라고나 할까? 많은 부스러기 관심사들을 놓치는 대신 굵직한 한 가지 관심사, 곧 여호와를 아는 일이 남은 일생을 관통하는 궤적이 되리라는 믿음이다. 성경을 다른 언어로 읽는 나는 가끔씩 깜짝깜짝 놀란다. C. S. 루이스가 말한 대로 서사의 새로움에 놀라는 것이 아니라 같은 이야기를 읽어도 새롭게 발견하게 되는 의미의 의외성 때문이다.

성경을 접하며 그런 의외성을 마주할 때 나는 각성된다. 그것은 타는 갈증을 해갈하는 시원한 한 잔의 물과도 같다. 생명의 신선함과 미지의 것에 대한 소망으로 가득 차올라서다. 그 친구가 말도 없이 한국어 수업에 나타나지 않았다면 그렇게 집요하게 생각하지 않았을지도 모른다.

교회 부흥이라는 거창한 명분 아래 '1년 태국을 떠나지 않고 기도

하기' 계획을 세운 건 그래서다. 나름 비장했기에 흔들릴 때, 확고히 디딜 말씀이 필요했다. 그때 눈에 들어온 말씀 "네 자리를 지키고 굳게 서라, 그리하며 여호와의 승리를 보리라." 교회 예배당 기도의 자리에서 불평하지 않고 기도로 인내하며 소망하는 것으로 다가왔다. 물론 꾸준히 실행하자니 어려움이 많았다. 여러 약속된 집회의 불참으로 인해 발생될 일들, 질병으로 인해 위기의 시간을 견디어야 할 때 수반되는 고통 등 나름 힘한 준령을 넘으며. 어찌어찌 은혜로 이어가고 있다.

그러다 호주로 떠나기 전 약혼자와 작은 예식을 한국에서 치르고 싶다는 딸의 전화가 왔다. 9월 27일, 아직 나는 1년 프로젝트 진행 중인데, 이제 조금만 더 가면 되는데…, 그렇지만 엄마 없는 결혼식은 상상할 수는 없다. 그렇게까지 몰인정할 용기가 나지 않았다. 그렇다고 추진하던 일을 힘없이 그만둘 수는 없다.

그때 미세한 음성으로 내 마음에 평안을 주는 깨달음이 찾아왔다. '네 자리는 유형이 아닌 무형의 자리다.' 교회 성도들은 나에게 무엇을 기대할까? 가족은 나에게 무엇을 기대할까? 하나님은 나에게 무엇을 기대하실까? 그들이 생각하는 내 자리가 무엇일까? 내 자리가 눈에 보이는 예배실 기도의 자리만이 아니라, 더 포괄적인 무엇을 품는 무형의 자리임을 알아차린 후 매일 매일 골똘히 이 문구를 되뇌며 뜻을 찾는다. 마침내 라인 프로필의 그 말씀이 클로즈업된다.

'그래, 내 자리는 사랑의 자리구나! 모든 것을 참으며, 믿으며, 소망하며 견디어 내는 자리구나! 그게 내 자리구나! 그 자리가 교회 성도들이, 가족이, 친구가, 이렇게 저렇게 만나는 태국 이웃들이 그리고 하나님께서 기대하는 그 자리구나! 아, 그렇구나!' 왜소한 내가 바라기엔 참 거대한 소명이었지만, 마음에 솟구치는 기쁨은 어쩔 수가 없다.

다시 화요일, 밀린 집안일을 마치고 가벼운 마음으로 센터를 향한다. 뽀삐라는 이름의 친구는 학교에서 한국어를 이미 공부하고 있기에 기초부터 가르칠 필요가 없다. 그래도 한글 자음과 모음의 제작 원리는 간단히 짚어준다. 리듬을 타고 앞으로 나간다. 둘의 호흡이 처음 만났다고 하기엔 믿기지 않을 만큼 자연스럽다. 수업 들어가기 전, 나를 알려준다. 태국에 언제 무엇 때문에 왔는지…. 방콕에서 버스 탔을 때, 머리 묶은 여고생의 뒷모습에 설레던 감정, 1318이라는 핸드폰 번호, 센터에서 한국어 수업을 열었을 때, 초등학생을 가르치려던 나의 의도와는 다르게 여중고생 50여 명이 찾아온 것 등….

"이 세 가지 지표가 나에게는 뽀삐나 뽀삐와 같은 여고생을 만날 때, 가져야 할 마음을 이끌어주어요. 우리 크리스천들을 그것을 하나님의 인도하심이라고 부르죠." 수업을 마치며 한 학기 시간표를 나누어주고, 수업에 대한 뽀삐의 기대를 확인한다.

"내가 보니, 기초는 어느 정도 된 것 같고, 대부분의 아이들이 헷갈려 하는 이중 모음과 받침 사용에 대해 더 자세히 짚어주어야 할 것 같고, 대학 진학이나 취업을 목적으로 한다면 TOPIK을 대비해서 한국어 문법을 정리해야 할 필요가 있네요."

"네, 선생님 감사합니다."

얼굴을 발그스레 물들이며 답한다.

"좋아요, 그렇게 가죠."

예수님은 우리에게 사랑을 언급하실 때, 사랑의 개념을 설명하시지 않으셨다. 다만 "내가 너희를 사랑한 것같이 사랑하라." 또는 "내 이웃을 내 몸처럼 사랑하라."라고 하셨다. 사랑은 앞서간 자의 섬김이 필요하기에 그렇게 모범을 보이시고 우리에게 사랑하며 살도록 초대하셨다. 하여 뽀삐를 위한 나의 기도의 우선은 그녀와 하나 되는 것이다. '그녀가 한국어에 대해 이루고 싶은 소망을 저를 통해 이루어 주소서. 그녀의 마음이 제 마음이 되게 하소서!' 한국어를 매개로 복음을 넣어주고 싶은 성급한 조바심이 주님이 일하심을 기다릴 수 있는 믿음의 마음에 자리를 내어주며, 그녀를 바라보는 복된 시선이 둘 사이를 다정스레 채운다.

서혜미 선교사
태국주재 한인선교사회 중부지회 소속
사역 도시 방콕
사역 기간 6년 4개월

> 소망

희미한 전환점
(카렌 교회의 선교사역을 위한 7,675밧)

오영철

한 조직이나 기관의 변화를 위하여 전환점은 중요하다. 전환점이란 "다른 방향이나 상태로 바뀌는 계기, 또는 그런 고비. 어떠한 순간을 계기로 변화가 일어나는 순간의 지점"이라고 한다. 선교역사에서 전환점이 있었다. 스데반 집사의 죽음은 초대교회 선교의 전환점이었다. 유대인 안에 있었던 초기 기독교가 이방인 선교를 위한 전환점이었기 때문이다.

오늘 태국 카렌 선교에서 전환점이 될 수도 있는 소식을 받았다. 그것은 카렌 교회가 '선교의 대상자'만이 아니라 '선교에 참여하는 후원자'임을 보여주는 소식이다. 신대원에서 공부하는 '따치' 형제에게서 선교사역과 재정에 관한 내용을 담은 편지를 보내준 것이다. 아르헨티나에서 치앙마이에 온 '노애미' 선교사를 위한 선교비에 대한 내용이었다. 그 내용이나, 과정, 태도들을 보았을 때 이젠 그들도 스스로 선교후원을 할 수 있겠다는 생각이 들었다. 너무 성숙한 자세이기 때문이다.

몇 주 전에 '따치' 형제에게 부탁을 하였다. '노애미' 선교사를 위한 후원위원회가 필요한데, 총무로 섬겨 달라고 한 것이다. 그는 주저함 없이 하겠다고 했다. 총무가 할 일은 설명해 주었다. 후원자들의 헌금을 받고, 분기별로 받은 선교비를 전달하고, 선교사에게 받은 사역과 재정을 후원자에게 알리는 것이다. 더불어 작정한 신학생들에게 격려하고, 작정하지 않은 신입생들에게 도전을 주는 것이다. 그러면서도 이 부분에 경험이 없는 '따치' 형제가 잘할 수 있을까 걱정이 한편에 있었다.

그런데 그런 걱정은 기우였다. 예상보다 훨씬 잘 섬기고 있다. 오늘 받은 보고서를 보고 알 수 있었다. 따치 형제는 오늘 5월 선교보고서를 보내준 것이다. 그 안에는 수입과 사역 내용 그리고 후원자들에게 감사를 담은 편지는 정성스럽게 만들어졌다. 그것은 내가 한국교회에 보내는 편지보다 디자인도 좋고, 눈에 띄는 선교 편지였다. 선교 편지 이름이 마음에 들었다. "노애미 선교사 후원을 위한 '국수 한 그릇' 프로젝트"라고 하였다. 한 달에 국수 한 그릇 값을 통해서 선교사를 후원하자고 제안하였는데, 그것을 사용하였다.

이번 5월에 모은 7,675밧(약 200불) 송금 영수증과 헌금 내역이 구체적으로 보고되었다.

1. 신학생(카렌 신학생) 1,175밧
2. Mr. Jaturong 부부(한국 외국인 노동자) 6,000밧
3. 두앙티폰(파타야 가정부), 200밧

4. 와차라(따치, 신학대학원 학생) 300밧

후원자의 면면을 보면 그들이 어떤 형편에 있는지 알 수 있다. 카렌 신학생, 한국에서 일하는 외국인 노동자, 파타야 가정부, 신학대학원 학생이다. 그들은 그들이 속한 사회에서 모두가 약자들이다. 변방의 주변인들의 선교를 위한 헌신이다. 이들의 모습은 마치 나아만 장군을 하나님께로 인도한 '유대인 어린 계집 여종'과 비슷하다. 위대한 장수 '나아만'과는 너무 대조적인 사로잡혀온 무명의 계집종이다. 그렇지만 그녀는 나아만 장군이 하나님을 알 수 있도록 하나님의 사람을 소개하였다. 오늘 보낸 후원자들도 이름도 없는 카렌족이지만 위대한 하나님의 선교에 참여하고 있는 것이다.

따치 형제는 선교사인 내가 할 수 있는 것보다 이미 더 큰 일을 하고 있다. 그는 지난 2월 8일 신학교 아침 예배 때 학생들에게 선교에 대한 도전을 주었다. 그의 도전을 받은 48명의 실로암 신학생들이 노애미 선교사를 위한 헌신을 약속하였다. 그의 메시지가 호소력이 있었기 때문이다. 그 이후 노애미 선교사를 신학교에 초대하여 사역을 나누도록 주선하였다. 이후에 노애미 선교사와 연락하여 근황을 알아보고 이번에 선교비를 전달하였다. 이번에도 정성을 담은 선교편지를 편집하여 후원자들에게 전해주었다. 그리고 신학교 페이스북에 선교후원 소식을 카렌어와 영어로 알리고 감사의 마음을 전하였다.

"Many thanks to all students that supporting Missionary

Naomi and her husband with financial support. May God bless you all." 그는 마치 본인이 후원받은 것처럼 표현하였다. 그는 카렌 교회가 선교하는 교회의 시발점에서 선교사보다 더 많은 역할을 하고 있는 것이다.

무엇이 '따치'를 이렇게 진심을 담은 자세로 섬기게 할까 생각한다. 그가 뭔가를 받았기 때문이 아니다. 중요한 원인 중 하나는 그가 먼저 선교헌금을 실천하기 때문일 것이다. 그도 한 달에 300밧을 노애미 선교사를 위하여 후원하고 있다. 이것은 그가 이 선교후원의 손님이 아니라 주인으로 섬기고 있음을 보여준다. '드림'은 참여하는 당사자로 하여금 주인의식을 강화시켜 준다. 반대로 받는 것에 익숙하면 헌신도 어렵고 주인의식도 약해질 것이다.

그리고 주는 사람에게 뭔가 더 줄 것이 없는 기대할 것이다. 따치의 헌신과 주인으로서 자세 그리고 선교에 참여하는 무명의 교인들의 헌신이 귀하다. 이런 현상이 태국 카렌교회가 이제 선교하는 교회로 되었다고 할 수는 없다. 그렇지만 그 의미는 매우 크다. 그것은 마치 엘리야 시대 '손바닥만 한 작은 구름'과 같기 때문이다. 큰 비에 비하면 작은 구름은 미미하다. 그렇지만 그 구름이 없었다면 큰 비는 없었을 것이다. 그 비는 3년 반의 가뭄이 끝이 났다는 전환점을 보여준 것이다. 그런 면에서 '따치'의 태도와 선교보고서는 '손바닥만 한 작은 구름'처럼 다가온다. 이제 태국 카렌교회도 선교운동이 확산되기를 소망한다. 선교사들로부터 도움만 받는 존재가 아니라 그들의 경계를 넘어 선교사들을 후원하고 파송하는 교회이다.

　오늘 받은 이 선교후원 보고서가 마지막이 아니기를 소망한다. 더 나아가서 이와 같은 보고가 카렌 마을의 각 교회와 지방회 그리고 총회 운영위원회에서 특별하지 않기를 기도한다. 그들의 경계를 넘어 타이 민족을 선교하는 카렌 교회의 모습이다. 이들 안에 하나님이 예비해 놓으신 선교적 자원들이 적지 않다. 따치와 일부 교인들은 그것을 보았고 실천하고 있다. 이렇게 보면 오늘은 희미하지만 전환점이 되는 날이다. '선교사'라는 보고는 그들에게 늘 도움을 주는 존재였는데, 오늘 보고서의 '선교사'는 그들이 후원하는 대상이기 때문이다. 따치 형제와 통화하면서 그의 수고에 감사하고 격려를 보낸다. 선교를 위한 그의 성장과 헌신을 보는 것은 선교사인 나에게 큰 특권이고 기쁨이다.

오영철 선교사
태국주재 한인선교사회 북부지회 소속
사역 도시 치앙마이
사역 기간 29년

소망

이것이 교회다

이석종

6월 9일 카우디교회 두 번째 예배

크림이가 혼자서 자신의 몸통만 한 나무 십자가와 홍 선교사 카페의 빵을 들고 왔다. 아마 홍 선교사가 들려 보냈으리라. 집도 가장 오기가 쉽지 않은 곳에 있고, 라인에 대답도 없어서, 크게 오리라는 기대를 하지 못했는데 깜짝 선물처럼, 혼자서 무거운 짐과 함께 그랩을 타고 찾아왔다.

너무 고맙기도 하고, 귀하기도 하고, 수고가 예쁘기도 해서, 다음 주부터는 차로 픽업을 해주겠다하니, 오토바이로 알아서 오겠다고 한다. 비가 올 때는 데리러 가겠노라 했다. 오늘만큼은 예배가 끝나고 차로 데려다줬다. 방들이 빼곡히 늘어서 있는 허름한 일층 허팍의 방 한 칸을 빌려 동생과 함께 살고 있었다. 여자애들의 방이라 겉에서만 보고 돌아왔다. 지난주에 헌금을 하지 못했다며, 꼬깃꼬깃한 100밧을 헌금 봉투에 넣어 드린 손길에 마음이 짠하다.

김 선교사까지 네 명이서 찬양을 드리는데 김 선교사가 울면, 앞에서 찬양을 인도하는 아내가 눈물을 꾹 참는 것이 보이고, 나도 울컥한다. 그럼 찬양의 자리가 울음바다가 돼버릴까 봐 조마조마하다. 식사 후에 간식을 나누며 들어봤더니, 아무것도 모르고 이해할 수도 없는 태국찬양을 부르던 중 한국찬양으로도 있는 그 아는 찬양의 멜로디를 듣는 순간 가사가 떠올라 울컥했다고 한다. 태국어 찬양들 속에 유일하게 한국어로도 아는 그 찬양의 가사가 예배 가운데 주님의 메시지가 되어 가슴에 울린 것이었으리라. 마치 빈 들 가운데 세례 요한에게 내리던, 하나님의 말씀처럼…

설교하기 위해 앞에 섰는데, 한 영혼의 무게가 절실히 체감된다. 우리가 이 한 사람을 위해 일주일 내내 수고로이 태국어 설교를 준비하고, 예배 피피티를 디자인하고, 찬양을 일일이 준비하고 연습하였으며, 토요일에 집안을 정리하여 교회를 세팅하고, 아내는 이른 아침부터 김밥과 불고기를 만들었다. 맛있는 불고기를 위해 직접 NFP까지 가서 가장 좋은 소고기 부위를 사다가 준비하였다 한다.

나의 평소 생각의 흐름대로라면, 이런 활동들은 너무나도 비효율적인 낭비일 뿐이고, 다시는 경험하기 싫은 고생일 뿐이다. 이 일들에 대해 회의가 들어야 마땅하고, '내 돈과 시간, 에너지를 들여서 도대체 이 짓을 왜 하고 있지?'라고 생각하여야 자연스럽다.

그런데, 신기하게도 그 반대의 마음이 샘솟았다. 우리가 이 한 영혼을 위해 이 모든 것을 수고하고, 희생하였다는 것이 너무나 보람되고, 기쁘고, 하나님 앞에서 뿌듯하였다. 무엇보다, 하나님이 나를 이렇게 사랑하셔서 예수님을 아낌없이 내어주셨다는 사실이 몹시도, 산 이야기가 되어 느껴진다. 나에게 이 자리는 그러한 하나님의 사랑, 즉, 나를 향한 복음이 절절히 실감되는 자리가 되어버렸다.

나에게 있어서 그 순간 그 한 사람의 태국 영혼은 머리 숫자 1명이 아니라, 천하와도 바꿀 수 없는 하나님의 형상 그 자체가 되어버린다. 그리고 눈물과 보람과 희생과 감격으로 하나님의 임재를 소망하며 모인 이 작은 가정집의 1층은, 세상의 눈으로 볼 때야 정말로 보잘것없어 보이는 자리이겠으나, 나에게는 세상 그 어디보다 큰 가치를 지닌 장소가 되었다.

그 예배의 자리에서 하나님의 임재가 느껴지고, 마음속에 감격과 감사, 환희와 성령의 충실된 가득 참이 가슴 깊은 곳에서부터 올라와 온몸을 사로잡는 듯하다. 이러한 감정은 놀랍게도 세상의 어떤 물질의 소유를 통해서도, 그리고 육신의 어떠한 쾌락을 통해서도, 도저히 맛볼 수 없을 거라 믿어지는 충만함이다.
양이 많고 적음이 아니라, 질적으로 세상의 것과 완전히 다른 종류의 감정이다.

그 자리가 나에게 얼마나 가치가 있었던지, 나는 이 자리와 이 사람들을 그 순간만큼은, 세상 그 무엇과도 바꿀 수 없는 것처럼 느껴졌다.

나에겐 이 공간이 수십억, 수백억의 가격평가가 매겨지는 예배당과 교회건물보다 귀하게 느껴졌으며, 내 앞에 앉아 설교를 하나님의 말씀이라 믿으며 귀를 기울이고 있는 세 사람은, 나에게 있어서 삼천 명, 삼만 명의 그 누군가들과 도저히 바꿀 수 없는 의미가 되어버렸다.

셋 중 한 명은 나보다 태국어가 뛰어난 내 아내이고, 한 명은 아마 들리는 태국어 단어들이 아직은 낯설 것이며, 마지막 한 명은 오늘 십자가를 지고 온 유일하게 태국인 성도라고 부를 만한 한 사람이다!

그리고 가장 큰 문제는 설교자의 태국어가 문법적으로나 악센트적으로나 너무나 형편이 없었다는 것이다. 나조차도 내가 무슨 말을 하고 있는지 도저히 정리가 안 될 때가 종종 있었다!

마침 그날의 설교가 고린도전서 1장 18절의 말씀으로 '십자가-하나님의 능력'이란 제목의 설교를 하였다.

우리는 저 한편에 세워놓은, 오늘 우리의 유일한 성도가 들고 온 십자가… 우리 교회의 규모가 도저히 감당하기 벅차 보이는, 한국에서부터 왔다 하는 무겁고 둔탁한 나무 십자가를 바라보며 이 신기한 우연에 재미있고, 놀라워하며 설교를 듣는다.

모든 곳에 결핍이 넘치고 있었지만, 모든 곳이 은혜로 그 결핍을 뒤

덮어 버리고 있었다.

그것을 깨닫는 순간, 성령님께서 번쩍하며 내 몸을 훑고 지나가듯, 그러나 선명한 종이 날에 손이 베인 듯 너무나 분명하게, 그러나 너무나도 온유하고 따뜻한 바람과 같이, 불어오는 한마디가 내 마음 중심에 떨어진다.

'이것이 교회다'

머릿속에서만 이해하고 말로만 말하던 교회를 내가 드디어 만나는 순간이었다.

그 거룩함은 내 모든 더러움을 압도하였으며, 그 순결함은 혹여나 무언가 흠을 낼까 조심스러워 호흡을 멈추고 바라보아야 할 정도였다. 그 충만함은 우리의 모든 상처와 무질서와 인생의 공허함을 메꾸고도 남을 정도로 넘쳐흘러서, 그것이 나를 채우는 것이 아니라, 내가 그 안에 들어가 잠겨야 할 정도였으며, 그 안전감은 세상의 소음과 주변의 온갖 위협과 공격 가운데에서도, 아무 할 일이 없는 하루의 느지막한 아침기상처럼, 여유롭고, 넉넉한 마음의 고요함을 가져다주었다.

주일의 모든 순간순간이 사진처럼 이야기로 남아 숨을 쉰다. 크림이가 십자가를 들고 찾아오는 장면. 아내가 나랑 둘이서 밥 먹으러 갈 때랑은 비교도 안 되게 예쁜 옷을 차려입고, 화장을 하고, 찬양을 인도하는 장면. 김 선교사가 그 큰 눈에 하루 종일 눈물이 그렁그렁 맺혀 있던 장면. 우리는 그 시간, 그 장소에서 예배의 유기체로서 살아있었던 듯하다.

장소와 시간에 메여 있는 죽은 기록물들이 아니라, 존재를 규정하는 산 기록물들이다. 이 기록은 우리 존재와 함께 영원하다. 무엇보다도 그 영원 속에는 주님이 함께 거하신다.

예배 후, 우리 안에서 우리의 예배를 받으신 주님은 우리를 보내시고, 우리를 보내신 주님은 우리와 함께, 보내신 그곳으로 우리와 동행하신다. '움직이는 포도나무'라는 그분의 별명처럼…

집을 교회로 썼더니, 예배의 공간은 다시 가정이 되었고, 일상의 자리가 되었다. 주일의 은혜를 누리는 한 주의 시작이자, 또 다른 주일을 기다리는 한 주가 같은 장소에서 시작된다.

음부의 권세는 다시 반복해서 우리를 공격할 터이지만, 우리는 온갖 상처와 시퍼런 멍들, 지치고, 부러져버린 팔과 다리를 질질 끌면서도, 이곳으로 다시 돌아와 예배할 것이다.

교회의 승리는 그 누구도 우리를 공격할 수 없을 만큼 강해지는 것에 있는 것이 아니라, 이미 죽어도 다시 부활할 만큼 강해져 있다는 것을 믿는 것에 있기 때문에… 그리스도의 몸이 그리하였듯이…

우리는 다시 또 그 부활의 현장에 모여, 우리의 치열했던 일상의 영적전쟁을 되돌아보고, 개선의 벅찬 고백을 세상 앞에 이처럼 또렷이 뱉어낼 것이다.

'보라, 이것이 교회다!'

이석종 선교사
태국주재 한인선교사회 북부지회 소속
사역 도시 치앙마이
사역 기간 13년 9개월

> 소망

어디까지 열까요? 어디까지 갈까요?

김경실

　7년 전쯤 방콕에 협력하는 교회 성도 가정이 라용으로 이사를 하여 예배를 못 드리고 있다는 소식을 듣고 방콕에 아짠이 정기적으로 방문하며 가정에서 예배드리며 사역자로 세워나가고 있었다. 우리도 모임과 전도에 합류하여 라용의 도심에는 사람들이 모이지 않아서 산 쪽에 고무 농장 마을의 한 식당을 빌려서 침술 사역을 하게 되었다. 침술로 섬김과 치료사역을 하자 마을 사람들이 점점 모이고 치료와 복음의 소식에도 관심으로 가지며 정기적으로 와 줄 것을 요청하였다.

　이후 라용의 반카이 지역에 고무농장의 마을 한가운데 지금은 돌아가신 한 할머니의 집 마당에 기둥을 세우고 하늘만 가려 주일에 예배드리며 교회가 시작되었다. 그 지역 출신 사역자가 세워지고 늘어나는 성도들과 예배를 드리며 지금까지 교회로서의 면모를 갖춰 가고 있다.

　방콕에 거점을 두고 있는 우리는 그곳의 현지인 사역자와 성도들이 예배를 잘 드릴 수 있도록 정기적인 침술사역과 단기팀을 통한 전도사역으로 교회의 성장을 돕고 있다. 이 교회는 침술팀의 방문으로 생긴 교회라 그런지 성도들도 침술 사역에 대한 애정이 남다르고 선생님들이나 우리 부부가 찾아갈 때마다 온 성도가 환영해 주시고 돌아올 때는 현지 과일 야채를 더 많이 주셔서 무한 사랑을 받으며 오는 곳이다. 지금은 한 성도 가정에서 비어 있는 집을 헌신하여 예배드리며 성도들이 자발적으로 첫 단계로 마당에 손님들을 위한 화장실을 지었고 다음 단계로 땅을 다져가고 있는 중이다.

올해 전반기는 침술팀이 남부에만 사역하고 라용에는 못 가서 아쉬운 마음에 지난 5월에 교정 치료하시는 선교사님 부부와 팀을 \이루어 라용에 방문하였다. 침술 치료 사역할 때 나는 침 사역을 돕기도 하지만 주로 접수를 받으며 기존에 성도님들과 찾아오신 분들과 이야기하는 역할을 한다. 그날 새 신자 가정의 자녀로 보이는 네 살쯤 된 남자아이가 어색하게 눈치를 보더니 사탕을 주니 착 달라붙어 안겨왔다. 아이를 이렇게 꼭 안아본 적이 언제였던가 싶을 정도로 오랜만에 느끼는 물렁거림이 낯설고 어색함마저 들었지만 아이가 계속 달라붙기에 몇 번 안아 주고 들었다 빙- 돌려주기도 했더랬다.

그 이후에도 계속 다가오길 그때부터 나도 모르게 거리 두기를 하며 피하고 있는 것이 아닌가? 더 친해졌을 때 감당해야 할 그 무엇에 대한 염려보다 감당하지 못할 그 어떤 것에 대한 두려움 때문인 것을 안다. 한번 다가올 때 마음을 열고 더 깊이 다가오면 멈칫하여 정지 상태로 평행을 유지하며 길게 가는 듯하다가 놓칠 때가 있는 나만의 순환

이론이 떠올랐다.

지난 7월에는 한국 방문 전에 라용에 한 번 더 가기로 결정하고 이번에는 교회로 성도들과 이웃들을 초청하는 형태가 아닌 성도들의 집으로 찾아가는 침술 사역을 하기로 했다. 토요일 하루 동안 열 가정 정도 방문하고 돌아오는데 머릿속에서 맴도는 많은 생각과 사연들로 인해 기운이 빠지는 복잡하고 아련한 마음으로 하루를 마무리하였다. 그리고 작은 일이지만 거절해야 하거나 결정하기 어려운 순간에 나에게 도로 질문하며 결정권을 넘기는 남편에 대한 얄미움에 두통까지 한 스푼 얹어져 방콕으로 돌아왔던 그날의 느낌을 잊을 수가 없다.

시골에 사는 성도들의 가정을 방문하고 생활 현장에서 진정 그들의 민낯을 보고 나니 이들이 교회에 올 때 얼마나 시간을 내서 공들이고 꾸미며 오셨는지 알게 되었다. 첫 번째 방문한 집은 높은 지대에 있는 경치가 좋은 곳에 위치한 곳인데 아내의 마음이 열려서 교회에 오자마자 연합 수련회도 참석하고 혼자서 꾸준히 예배에 나오신다고 했다. 처음으로 가정에 방문하니 교회에는 온 적 없는 남편의 마음도 열려서 그동안 불편했던 무릎에 침을 놔드리며 이야기를 나눌 수 있었다. 두리안 농장도 있다고 사역자 어머니가 소개하며 다음에 한국에서 선생님들이 오시면 농장 구경시켜 주겠다고 거들어 주신다. 집 밖에 나와서 경치 좋은 도로변에서 사진을 찍고 나서 '아 라용의 시골에 성도 중에 이런 집도 있구나' 생각하며 다음 길을 나섰다. 다음 집에 도착하는 순간 '아까 그런 집은 그곳이 처음이자 마지막일 수도 있겠구나'라는 생각이 하루를 보내고 나니 맞게 된 셈이다.

다음 방문한 집도 어머니 혼자 교회에 나오기 시작한지 별로 안 된 가정인데 그 집 마루에는 교회에서 나눠준 달력과 일반적인 태국의 불교 달력이 나란히 붙어 있었다. 아이러니한 풍경이지만 타종교에 포용적이고 모계사회이며 서로를 존중하는 태국 사회의 면모를 알 수 있는 모습이었다. 술을 자주 드신다는 그 집 아저씨가 다행히도 허리와 다리에 침을 맞으면서 편안한 분위기를 가질 수 있었고 교회에 나오기 힘든 어른들을 찾아가 침도 놔 드리고 복음의 소식도 전할 수 있어서 감사했다.

그러나 이때부터 나의 감정의 소용돌이 즉 성도들의 집에 들어갈 때 시작되는 민망함과 나올 때 더 송구스러운 불편함이 시작되었다. 선교사로 살며 가끔 느끼는 감정 중에 어떤 것을 못 받았을 때보다 더 못 주고 왔을 때나 줄 있는 기회를 놓쳤을 때의 아쉬움이 더 마음이 아프고 후회로 남는다. 지난 7월 성도들의 가정을 방문했던 그날이 그런 날이었다. 분명 무엇인가를 무겁게 들고 가긴 했지만 교회에 놓고 가정방문 할 때 들고 갈 것들을 생각하지 못한 것이다. 솔직히 경치 좋고 두리안 농장을 가지고 있는 첫 집을 제외하고 가는 집마다 과일이나 동네에서 빵이나 과자를 사다 놓고 우리를 기다리고 있었다. 그리고 그 자리에서 "어여 드시라고…" 하는데, 앞에 놓인 것들이 먹을 것으로 보이지

앉았을 뿐더러 먹을 수도 없었다.

　가정마다 침 사역을 하기도 했지만 이후는 각 가정의 이야기를 듣고 기도하고 나올 때는 다 펼쳐 놓았던 먹거리를 다 싸주시는 것이다. 현지인 사역자가 그것들을 챙겨 받아 오는 것이 태국에서 스님이 다니면서 시주를 받듯이 우리도 다니는 집마다 주는 것을 받아 오는 상황이 된 것이다. 라용 교회에 다음 날 주일에 성도들과 아이들을 주라고 하고 싶었지만 사역자의 어머니가 우리 차 안에다 넣어 주는데 그것도 아닌 것 같았다. 집까지 들고 와서 집에서 기다리더 우리 아이들 앞에 바리바리 꺼내 놨더니 라용에 갔다 오는 날이면 과일 채소나 뭐라도 들고 온다는 것을 알기에 오늘따라 뭐지? 하며 의외라는 표정으로 몇 개 골라 먹기는 했다. 다음 날 방콕의 축복 교회에 가져가서 살포시 올려놓아 누구나 먹을 수 있도록 했다.

　라용의 고무 농장 근처에 울타리가 쳐진 독립된 구역이 있었는데 그곳은 미얀마 노동자들만의 거주지였다. 그곳은 건축 노동자들이 사는 곳처럼 방들이 이어져 있었다. 일반 태국 도시 사람들이 사는 이어진 건물을 '뜩태우'라고 하는데 그런 곳은 방들이 연결되어 있어서 '헝태우'라고 했다. 마을의 태국 현지 사람들과도 거의 왕래하지 않고 별도로 분리되어 입구까지만 갔는데도 벌써 빈민가의 냄새가 나고 낙후된 생활을 하고 있었다. 미얀마 사람들의 군립지역의 입구에 우리 성도의 가정이 있었는데 건너에 작은 집은 전기 감전으로 실내가 불에 타서

딸 가족이 큰 집으로 들어와 있는 상태였다. 그런데 그 집은 두 달 전 침 사역 왔을 때 나에게 철석 안겨 온 그 아이의 집이었고 바로 그 아이가 전기 감전으로 병원에 입원해 있다고 했다. 아이는 정신이 안 돌아온 상태고 혼자서 앉지도 못하는 상황이라고 했다. 턱! 하니 가슴이 답답해져 왔지만 그을음이 번져서 냄새나는 집에 들어가서 다 같이 기도하고 다음 집으로 갔다.

누가 시킨 것도 아니고 계획을 세운 것도 아니지만 현지인 사역자를 통한 교회사역은 항상 적당히 알게 되고 그들의 교회라는 명목 아래 굳어진 심리적 거리 두기는 가정을 방문할 때마다 같은 실수를 하는 결과를 낳았다. 교회에서 자주 보던 익숙한 분들인데도 막상 그분들에 대해서는 아는 것이 별로 없었다. 가정방문 해서 새로운 얼굴이 보여서 "딸인가요?" 물으면 "아니 손녀"라고 하시고, 친근감의 표현으로 그 손녀라는 젊은 아이에게 "학생이에요?" 했더니 "아니요" 안쪽을 가리키며 어린 아기를 키우고 있다고 한다. 조부모와 손녀 사이 자식 세대 어른들은 그 자녀가 아이를 낳고 키우는 동안 어디로 간 것일까? 그 집을 나오는데 그 젊은 엄마가 등진 나에게 한국말로 '감사합니다'를 던져 오는 것이 아닌가! 이어서 다른 집은 라용에 사람들이 모이며 교회가 시작되고 처음으로 세례 받으신 어르신들 중에 한 가정인데 사위가 기독교의 모습을 한 이단 교회에 있어서 걱정이라는 그나마 사정을 들어 본 적 있는 집이었다. 거기에는 다른 딸의 아이가 있었는데 정말 주머니에

소망편 177

서 뭐라도 꺼내 주고 싶었는데 빈손이 문제가 아니라 시간이 갈수록 마음마저 텅텅 비어가는 느낌이었다.

그날은 꽤 무더운 날이었는데 사역자와 어머니와 우리 부부는 차를 타고 다니며 그나마 이동 중에 에어컨 바람에 더위를 식히며 다녔는데도 몸이 점점 나른해지는 걸 느꼈다. 그런데도 우리와 같이 다닌 성도님 부부는 계속 오토바이를 타고 이동하였다. 같이 교회로 돌아와서 시원한 물 마시고 수줍게 웃음을 삼키고 나서 우리가 마지막 순서라고 하시며 아들이 28살인데 기도해 달라고 하신다. 나는 다급하게 "아들이 결혼했나요?" 하고 물었다. 아는 정보라도 있어야 기도라도 해 드릴 수 있다는 마음에 그랬던 것 같다. 3초 정도 망설이더니 아들이 군대에서 어떤 일이 있었는데 지금까지 감옥에 있으며 올해 7월 말 현 국왕의 생일에 풀려날 수 있기를 바라고 있다고, 기도해 달라고 하셨다. 하루 종일 다니면서 편하게 질문한 것이 하나도 맞아 들어간 것이 없었다. 마지막에서야 '이제 질문이란 걸 하지 말아야지' 하고 소심한 결심을 한다. 질문을 해서 그분들의 사정을 하나 더 안다고 한들 그 속으로 들어갈 자신이 없기 때문이다. 한편으로 적극적인 관심의 표현으로 인간적인 기대감을 갖게 하면 안 된다는 야비한 생각까지 하면서 나 자신을 압박하고 있었다.

진짜 마지막으로 사역자의 할아버지와 할머니께 인사드리러 갔는데 할아버지가 반가이 맞아 주시며 언제나처럼 딸이 안부를 묻는다. 그리고 남자 친구 있냐고 물으신다. 딸이 초등학교 때부터 라용에 가끔 오는데 너무 예뻐해 주시고 요즘은 뜸하게 오는 고등학생이 된 딸의 안부를 물으신다. 이어서 남자친구 있냐고도 이번에도 진심으로 물으셔서 없다고 했다. 그랬더니 반색하시며 태국 남자도 좋으냐고 물으셨고, '나는 사자가 아니라 모르지만' 이런 뉘앙스를 담아서 "음 – 글쎄요. 상관이 없을걸요. 그런데 한 가지 조건이 예수님 믿는 사람이어야 할걸요?"라고 대답해 드렸더니, 할아버지의 난감한 표정이 코믹하게 멈춰지고 순간 깊은 생각에 빠지셨다.

다음에 방문할 때 어떻게 물어 오실지 정말 궁금해진다. 방콕에 돌아와서 안부 전화로 전기 감전으로 병원에 입원한 아이는 많이 좋아진 것을 확인했는데 우리와 심방을 동행한 그 부부의 아들은 왕의 생일 기념일 특사로 감옥에서 나왔는지는 아직 모른다.

김경실 선교사
태국주재 한인선교사회 중부지회 소속
사역 도시 방콕
사역 기간 12년

> 소망

부흥을 기대하며

김농원

저녁 늦게 시찰장으로부터 전화가 왔다. "아짠 킴 너무 늦게 전화를 하는 것 같은데 미안합니다. 내일 아침 9시쯤에 집에서 만나서 갑시다. 내가 아짠 킴 집으로 갈 테니깐 그냥 집에서 기다리면 됩니다." 전화 내용의 요지는 종친회 모임이 있으니 같이 가자는 것이다. 사실 며칠 전 주일 오후 구역 예배 때에 약속은 해 두었지만 정확하게 몇 시에 어디에서 만나서 어떻게 가자는 이야기가 없어서 그냥 하는 소리인가 생각하고 별로 마음에 두지 않고 있던 차에 쑤라쌑 장로에게서 전화가 온 것이다. 아무튼 이곳 암퍼 판에 와서 처음 시찰장과 함께 가는 약속이라 별다른 일이 없으면 꼭 약속을 지키려고 마음을 먹고 있던 차라서 전화가 와서 반가웠다.

그다음 날 일찍 주혜를 치앙라이에 태워주고 약속시간에 맞추어서 급하게 돌아오니 쑤라쌑 장로차가 부인과 두 자녀를 데리고 막 우리 집 골목으로 접어들고 있었다. 내려서 반갑게 인사를 하고 곧장 차 한 대로 목적지로 향했다.

사실 맨 처음 이야기를 들었을 때는 같이 가고 싶은 생각이 별반 없었다. 왜냐하면 그저 종친회 모임이고 같이 모여서 예배드리는 시간과 식사하고 교제하는 시간을 가진다고 했기 때문이다. 그러나 같이 따라 나선 것은 태국 사람들과의 관계 때문이었다. 처음 사역부터 부탁이 왔을 때에 거절하게 되면 앞으로 사역에 지장이 있지 않을까 하는 노파심도 없지는 않았다. 외국인으로서는 오직 한 사람인 나, 이들과 함께 섞여 이들의 말을 하고 이들과 함께 웃고 같이 식사하고 교제하는 것은 사실 쉽지는 않다. 그러나 이러한 것이 한 선교사의 사역의 시작이고 뛰어넘어야 할 관문 중의 하나일 뿐이다. 왜냐하면 이들에게서 받아들여지는 시기가 있는데 바로 이러한 관계의 관문을 넘어설 때이기 때문이다.

차는 큰길을 벗어나 작은 길로 들어선다. 태국 어디를 가든지 볼 수 있는 바나나나무와 온갖 과일 나무들이 도로변에 쭉 늘어서 있고 도로가에는 할 일 없이 나뒹굴고 있는 개들이 즐비하다. 기후에 적응한 탓인지 사나운 개들도 별반 없다. 낯선 이에 대해서 시선도 주지 않는다. 먹고 사는 것이 해결되니 그저 그런 것 같다. 이제는 이러한 풍경들이 고향의 풍경이 되어버려 정다움을 준다.

시골길로 접어들어 한참을 해맨 다음에 모임을 가지기로 한 장소에 도착했다. 이미 몇몇의 사람이 도착해서 우리를 반겨 주었다. 쑤라쌀 장로는 나를 이곳에서 같이 사역하게 된 선교사라고 소개를 해 주었다. 어디고 마찬가지이지만 이방인으로 그대로 행세를 하고 있으면 그냥 이방인이 될 수밖에 없다. 이들의 대화 속에 들어가지 않으면 안 된다.

마침 월드비전에서 사역하고 있는 싸얌이라는 아짠도 같이 참석을 했다. 초면이라 쑤라쌀 장로가 소개해 주었다. 소개의 시간을 가지고 여러 가지로 같이 대화할 좋은 시간을 가질 수 있었다. 그 아짠은 한국교회에 대해서 많은 관심을 가지고 많은 것들을 물어오고 자신의 생각들을 더불어 주고받았다.

"아짠 킴 한국교회는 기독교 역사도 오래 되지 않았어도 부흥하는데 왜 우리 태국교회는 부흥이 안 되는지 압니까?"

이러한 물음에 대해서 늘 생각하고 있던 차에 나의 생각들을 나눌 수가 있었다. 그리고 그는 태국인의 기질이 부흥하지 않는 한 가지의 이유라고 덧붙여 주었다.

"아짠 킴도 알다시피 우리나라는 겨울이 없어요. 그리고 손에 현금은 없지만 먹고사는 데는 염려가 없답니다. 길가에 바나나와 온갖 과일이 있고 채소들, 먹고 싶을 때는 언제나 먹을 수가 있답니다. 그래서 살아가기 위한 투쟁을 하지 않지요. 그저 환경에 적응하고 살아가는 것이 우리들의 삶의 한 부분이랍니다."

나는 이 아짠의 말을 충분히 이해할 수 있었다. 오늘 하지 못하면 내일, 그리고 내일 못 하면 그다음 날 하면 되는 것이 이들이다. 이들은 변화를 싫어한다. 그저 주어진 환경 속에 파묻혀 살기를 원하지 환경을 자신들이 원하는 대로 바꾸려고 하지 않는다. 물이 흘러가는 방향을 따라서 그냥 따라갈 뿐이다. 내세에 대한 염려와 근심과 걱정이 없다. 설령 염려가 된다손 치더라도 상태를 긴장으로 몰아가는 것을 원지 않는 일들은 그저 자신의 감정을 감추고 마음의 평온함을 유지하려고 힘을 쓴다. 그래서 이들은 죄니 혹은 죽음이나 예수 십자가로 구원을 받아야 한다는 메시지에 귀를 기울이지 않는다. 지금까지도 잘 살아 왔고 아무런 어려움이 없었는데 지금 와서 무엇 때문에 종교를 바꾸어야 하는가 마음속으로 반문한다.

아무튼 변화를 싫어하는 이들, 오히려 변화되는 것에 대하여 두려움을 가지고 있는 이들이라고 볼 수 있다. 대다수의 북태에 있는 교회들이 장년기의 교회들이다. 50년이 넘어가는 교회들이 반 이상을 차지하고 있고 50년이라는 긴 세월 속에 새로 세워진 교회들은 오순절 계통의 교회를 제외하고는 별반 되지 않는다.

언젠가 어느 교회 성도와 대화하는 가운데 우리 교회는 세워진 지가 50년 되었고 50년의 세월이 지나는 동안 새롭게 전도된 사람은 모두 2가정인데 저쪽 마을에 세워진 지 약 8년 된 교회는 모두 약 40여 명 정도 전도해서 지금은 30명 정도 주일예배를 드린다며 부러워했다. 사실 한국적인 상황 가운데서도 시골교회는 비슷할 것이라고 본다. 그러나 교회자립을 위한 안간힘과 최대한의 노력을 기울이고 이것저것 새로운 것을 도입해서 무엇인가를 이루어 보려고 시도하는 것이 한국 교회의 한 단면이라면 이들은 그렇지 않은 것 같다. 물론 이들에게 물어보면 노력한다고 한다.

그러나 한국적인 사고방식과 교회성장을 목격한 한국선교사의 입장으로는 이해하기가 어렵다. '하면 될 것 같은데 왜 하지 않고 있을까' 라고 간혹 안타깝게 생각하곤 한다. 이들의 생각 가운데 한 가지는 교회가 많이 있다고 여기는 점이다. 얼마 전 노회 임원들과 내년 계획을 이야기하면서 교회개척을 말한 적이 있다. 교회개척이라는 안건을 올리는 것이 20년 만에 처음 있는 일이라며 이야기를 해 준다. 그것도 이해가 되는 것이 지금 있는 교회도 대다수가 자립이 되지 않고 또한 목회자가 없이 비워져 있는 교회가 많이 있는데 새로 개척하면 그것 누가 책임질 것인가 하는 생각이 지배적이기 때문이다. 그리고는 생각하기를 '교회 개척할 자금이 있으면 미자립 교회를 도울 것이지'라고들 속으로 생각하는 것이 보통이다. 그러나 이들이 생각하는 미자립 교회란 담임교역자의 사례비를 될 수 없는 교회라는 표현이 더 옳다고 본다. 혹은 담임교역자가 있는데 사례비를 모두 부담하지 못하고 있거나 혹은 교역자의 사례비 지출 문제로 교역자를 청빙할 수 없는 교회들을 지칭한다고 볼 수 있다. 교회 건물이나 교회가 가지고 있는 부동산들을 보면 부러울 만큼 거의 모든 교회가 다 가지고 있다. 교인 수는 얼마 되지 않아도 교회 건물과 그리고 넓은 공간과 땅이 있다. 이런 대다수의 교회는 목회자 없이도 지난 수십 년 동안 잘 유지해 왔기 때문에 앞으로 미래 역시 그러하리라고 생각하는지도 모른다. 그러나 생각이 현실을 뛰어넘지 못한다. 보이는 것만 보는 듯하다.

    교회의 성장은 어느 한 가지로 되는 간단한 이야기는 결코 아닐 것이다. 그러나 분명한 사실은 하나님의 교회는 성장해야 한다고 생각한다. 왜냐하면 그것이 하나님의 뜻이라고 믿기 때문이다. 많은 대화의 시간들을 가졌다. 이야기를 같이 나누는 싸얌이라는 아짠은 그래도 한국교회의 성장에 큰 감명을 받은 듯이 다른 태국 사람 같지 않게 태국교회의 단점들을 말하면서 한국교회와 같이 태국교회도 성장할 수 있기를 바랐다.

교제의 시간과 간단히 예배를 드리고 점심식사를 같이 했다. 종친회는 성씨가 같은 사람들과의 모임을 의미한다. 태국 사람들이 한국 사람을 보면서 이해하기 어려운 한 가지 점은 이런 성씨에 있다. 왜냐하면 이들은 같은 성씨를 가진 사람들은 친척이기 때문이다. 그래서 사람 수만큼의 성씨가 있다. 우리나라 사람은 김씨, 이 씨, 박 씨가 전 국민의 많은 퍼센트를 차지하고 있는데 이들이 볼 때에 모두가 친척인 줄 안다. 한국선교사 중에서 김 씨 성을 가진 사람들이 많이 있는데 그래서 태국 사람들이 볼 때는 모두를 친척으로 생각한다. 이번 종친회는 끼띠쿤이라는 성씨를 가진 사람들의 모임이었는데 한국말로 '복음'이라는 성씨이다. 불교의 나라에서 이러한 성씨가 결코 흔하지 않을 것인데 어떻게 해서 이러한 성씨를 갖게 되었는지, 아무튼 하나님의 은혜요 또한 하나님께서 예비해두신 믿음의 그루터기라고 생각해 본다. 이러한 믿음의 그루터기를 통하여 태국교회에도 성장과 부흥의 역사가 일어날 수 있기를 기도한다.

돌아오는 길은 마음이 참 가볍다. 갈 때 길게 느껴졌던 길도 아주

짧게 느껴지는 것은 왜일까? 비록 말씀을 전하려고 간 길은 아니지만 현지인들 속에 속하여 이들과 교제하며 이들의 말로 대화하며 이들과 같이 유할 수 있다는 것은 선교사만이 누리는 특권이라고 본다. 태국교회의 부흥의 역사는 언제쯤에야 시작될는지…

(1999년 치앙라이 암퍼판에서)

김농원 선교사
태국주재 한인선교사회 북부지회 소속
사역 도시 치앙마이
사역 기간 30년

> 소망

이상한 안식

이정영

　호사다마라고 했던가!

　모든 것이 순풍에 돛 단 배와 같이 잘 되어 가고 있던 작년 3월의 어느 날 갑자기 알 수 없는 병이 나에게 찾아왔다. 아침에 침대에서 일어나려고 하는데, 자꾸 무릎과 발목에 힘이 없어서 일어서지 못하는 것이었다. 남편과 나는 그 원인이 방센 바닷가의 한 부유물에서 뛰어내리다가 착지를 잘못 해서 생긴 것이라 생각하고, 병원에 가기보다는 이러저러한 민간요법으로 치료했다. 그러나 다리의 힘은 점점 더 약해지고 결국에는 침대에 누워만 있는 신세가 되었다.

　그래서 방콕 병원에 갔더니, 피 검사 결과 류머티스 관절염이라는 진단을 받았다. 류머티스 관절염을 30여 년 겪어온 지인은, 내가 너무 아프다고 고통을 호소하니까, 인간에게 아픈 3대 질병이 있는데, 류머티스 관절염이 그중의 하나라고 했다. 류머티스 관절염을 앓는 것을 가까이에서 본 다른 지인은 고통이 너무 심해 조석으로 사람이 달라진다며, 집을 팔아서라도 류머티스 관절염을 치료해야 한다고 했다.

역시 그가 소개해 준 방법은 너무 비싸서 치료받을 엄두도 내지 못했다. 그래서 방콕 병원에서 치료받기로 했는데, 역시나 치료비는 결코 만만치 않았다. 갈 때마다 15,000밧의 치료비를 냈지만, 낫기는커녕 점점 나빠져서 조조강직에 대한 체크리스트 작성하는 것마저도 진저리가 났다. 의사는 임상 경험이 없어서 나를 마치 자신의 실험대상으로 사용하는 느낌이었다. 나 외에는 환자 한 명도 없어서 매번 병원에 갈 때마다 그 의사는 나를 VIP 환자로 우대하여서 미리 통역도 대기시켜 놓고 기다렸지만, 그것이 아픈 사람에게 무슨 소용인가?

4개월 치료 후, 진전이 없어서 나는 병원비가 좀 싼 삐야웻 병원에서 여의사에게 진료를 받았다. 처음에는 내가 예상했던 대로 병원비가 나와서 안도했는데, 그다음에 가니 역시나 병원비가 13,000밧이 나왔다. 그녀는 나에게 물어보지도 않고 얼굴이 너무 창백하다며 모든 검사를 하였다. 심지어 에이즈 검사까지 하였다. 그러나 그 여의사는 나의 빈혈의 원인을 알 수 없었고, 만날 때마다 수혈받을 것과 혈액과 의사를 만날 것을 종용했다. 그녀는 류머티스 관절염 치료에는 관심도 없어 보였다. 그녀는 나에게 류머티스 관절염보다도 빈혈의 위험으로 금방 죽을 것 같은 두려움만 더 가중시켰다. 나중에 경희 의료원에서 치료 받으면서 나의 빈혈의 원인이 류머티스 관절염의 염증성에서 온 것임을 알았는데, 류머티스 관절염 전문의가 그것을 모른다는 것이 아이러니할 뿐이었다.

병원에서 치료받는 5개월 동안에, 백방으로 수소문하여 류머티스 관절염에 좋다는 것은 다 시행했다. 때로는 먹고, 바르고, 안압사에게 마사지도 받고, 한의사에게 침도 맞았다. 나는 혈류병 여인처럼 많은 물질을 소비하고 많은 의원들에게 고통을 받았지만 아무런 효과도 없었다.

미국의 척추 안압사에게 가서 치료받으러 가면, 나올 때에는 더욱 악화되어 한 손으로는 남편의 팔을 붙잡고, 다른 손으로는 지팡이를 짚고 나와도 몸을 지탱하기 힘들었다. 생전에 처음으로 중국인 여한의사에게 가서 48대의 침을 일주일에 두 번씩 정기적으로 맞았지만, 역시 호전의 기미는 보이지 않았다. 남편은 그 중국인 여의사의 전공이 류머티스 관절염이라며 나에게 희망을 주면서 나를 데리고 다녔지만 정작 나는 안압사나 한의사에게 치료받으러 집을 나서는 그 자체가 고역이었다. 온 전신이 뻣뻣하여 옷도 갈아입을 수 없었고, 샤워도 할 수 없었다.

또 그 시기에는 거의 매일 비가 내렸다. 나을 기미도 없고 몸은 점점 더 아파오니, 생각도 병들어 가기 시작했다. 건강한 육체에 건강한 정신이 깃든다는 말이 진리였다. 나의 의지로 할 수 있는 것이 거의 없으니 차라리 하나님 나라에 가는 것이 더 좋겠다는 생각을 자주 했다. 너무 아파서 울기도 많이 울다 보니, 어느 날 거울에 비친 나의 모습과 몰골이 우울증과 운명주의에 찌든 비참한 얼굴로 변해 있었다. 아빠의 60세 생일을 축하하러 온 큰딸이 나의 이런 모습을 보고 너무 서럽게 울면서 "엄마는 꼭 나을 수 있다"는 get well soon 카드를 남기고 떠났는데, 그때서야 나는 정신을 차릴 수가 있었다. 나만 생각하던 이기

심과 고통의 늪에서 머리를 들어 가족을 바라보게 되었다. 그리고 사랑하는 남편과 두 딸들을 위해서라도 꼭 살아야겠다는 강한 의지가 생기면서, 울면서 누워만 있지 않고, 한국에 가서 치료받아야겠다는 생각을 비로소 하게 되었다.

그러나 처음 3개월은 차도가 없었다. 게다가 3개월마다 의사를 만나러 한국에 가는 것도 만만치 않았다. 휠체어를 타야 했고 좁은 공간에서 장시간의 비행을 한 후에는, 다리가 펴지지 않으니 허리까지 구부러져서 누가 보아도 심각한 환자였다. 그러니 두 번째 치료차 한국에 가는 것이 만만치 않은 치료비와 비행기 값은 차치하더라도 비행기를 타야 하는 것 자체가 심한 부담감이 되었다.

그러나 감사하게도 두 번째 3개월에는 무릎과 발목에 약간의 힘이 생기기 시작하면서 지팡이를 짚고 다니게 되었다. 그리고 세 번째 치료부터는 분명한 차도가 있었다. 아직은 불안정한 걸음이지만, 내 힘으로 걸을 수 있었다. 내 다리로 걸을 수 있다는 것이 얼마나 큰 행복인지 아프기 전에는 전혀 몰랐다. 60 평생 누리며 살던 모든 것이 당연한 것이 아니라 다 하나님의 은혜요, 일상의 소소한 모든 것들이 기적이었음을 그제야 깨닫게 되었다.

병이 호전됨에 따라 나의 생각도 변하고 나의 얼굴도 기쁘고 밝게 변했다. 성도들도 한 주가 다르게 변하는 나의 몸과 마음을 보며 기뻐하였다. 그리고 그들은 네 번째 방문을 앞둔 8월 첫 주 주일예배에서 이제는 치료차 한국에 가지 않기를 기도했다. 그들의 바람과 기도대로 나는 이제 정상적으로 걸어 다닐 수 있으며, 다시 바이올린 연주로 주일예배를 섬기고 특송도 하기 시작했다. 특히 네 번째 방문은 휴가를 떠나는 것처럼 가볍고 설레는 마음이었다. 의사도 우리의 부탁을 받아들이고 6개월분의 약을 처방해 주었다.

지난 1년 6개월 동안 나는 앞이 보이지 않는 깜깜한 터널을 지나왔지만, 투병 생활을 통해서 배운 것도 있고 유익한 것도 많았다. 우리는 안식년이 없는데, 치료차 한국에 갈 때마다 3주씩 머무르면서 사랑하는 딸들과 좋은 시간을 보내고 또 한국의 4계절을 만끽하기도 했다. 뿐만 아니라 투병 생활을 하면서 나를 어둡게 하는 모든 요소들을 회개하며 영육 간 강건하게 살기 위해서라도 하루하루를 감사와 기쁨으로 시작하고 마무리하면서 해같이 밝고 빛나는 삶을 살게 된 것이다. 아직은 소근육 운동이 부드럽지는 않지만, 여기까지 도우시고 고쳐 주신 하나님께 감사드리며 그동안 나를 고치려고 갖은 애를 쓰며 수고한 남편에게도 감사드린다. 빨리 나으라고 응원해 준 사랑하는 두 딸들, 항상 한마음으로 기도하며 섬겨준 사랑하는 성도들에게도 감사의 마음을 전하고 싶다. 할렐루야!

이정영 선교사
태국주재 한인선교사회 중부지회 소속
사역 도시 방콕
사역 기간 31년 8개월

소망

자전거

임영미

　자전거는 페달을 밟을 때 바퀴가 움직여서 앞으로 전진할 수 있다. 그리고 계속 페달을 밟아야 쓰러지지 않고 앞으로 잘 달려갈 수가 있다. 인생의 여정이란 마치 자전거의 페달을 밟는 것과 같다는 생각을 하게 된다. 불확실한 미래를 향해 한 걸음씩 발을 떼어 보는 것이다. 멈추지 않고 지속적으로 내딛다 보면 얻어지는 열매들이 있다. 그것들은 다양한 형태로 나의 삶에 다가와서는 열매를 맺어 놓는다. 때로는 아픔으로 때로는 행복으로 말이다. 그 열매들은 내 인생을 풍요롭고도 아름답게 장식해 준다.

　코로나가 한창이던 2020년 3월 남편과 나는 호주에 있었다. 태국에서 비자승인이 떨어졌기 때문에 신속하게 수속을 밟으라는 한국 선교본부의 연락을 받았다. 코로나의 창궐로 모든 비행기가 결항하는 사태 때문에 멜버른공항은 너무나 어수선했다. 코로나 바이러스로부터 자신을 보호하기 위해 우주복 같은 옷을 착용한 사람이 눈에 들어왔다. 불안했다. 난 마치 우주 속에 홀로 떠다니고 있는 느낌이었다. 남편과 나는 우여곡절 끝에 지인의 도움으로 방을 얻어 3주를 기다려 전세기를 타고 한국으로 들어갈 수 있었다. 그때만 해도 외국에서 들어오는 사람은 무조건 자가 격리를 해야만 했었다.

    우리는 오랫동안 비어 있는 시골 엄마 집에 머무르기로 했다. 창고로 쓰고 있었던 사랑채에 짐을 풀었다. 이미 돌아가신 지 10년이 훌쩍 넘은 아버지가 쓰시던 지게, 자잘한 농기계들, 기계를 고치던 장소의 용품들과 기름때가 아직 남아 있는 아버지의 자취가 유난히 느껴지는 공간들이 많았다.

    그곳에서 나는 나의 눈을 고정시키는 물건을 하나 발견했다. 헛간 한편에 세워져 있는 아버지의 짐 자전거였다. 장날이면 아버지는 그 자전거를 자가용 삼아 시골 장을 다녀오셨었다. 생선, 고기, 과일 등을 사 가지고 오셨었다. 나는 그 자전거를 타고 싶어서 아버지가 부재중인 틈을 이용해서 스스로 자전거를 배우기로 결심했었다.

    초등학생인 내가 아버지의 짐 자전거의 무게를 감당하기란 쉽지 않았다. 그러나 나는 넘어지면 일어나 숨을 고르고, 자세를 고쳐 다시 시도했다. 여러 번 반복적으로 시도하는 동안 난 마음속으로 수없이 외쳤다. '실패는 성공의 어머니라고 했어. 다시 해 보자' 또 넘어졌다. 그럴 때마다 핸들을 더 힘 있게 잡고 외쳤다. '실패는 성공의 어머니야~ 이번에는 이렇게 해 보자~' 나는 방법을 다르게 하며 다시 둑길에 의지하여 시도하기를 멈추지 않았다. 마침내 여러 번의 실패를 경험한 후에 나는 아버지의 그 커다란 짐 자전거를 탈 수가 있어 뿌듯했다. 나 자신을 매우 자랑스럽게 생각했었다. 그랬던 자전거를 보니 많은 위로가 되었다. 내 입가에는 잔잔한 미소가 머금어지면서 또 다른 자전거가 떠올려졌다.

딱 센터 건물 뒤에 두 대의 자전거가 있다. 나는 그 자전거를 볼 때마다 자랑스럽고 고맙다. 남편과 나를 태국으로 데려다 주었기 때문이다. 남편이 파주에서 부교역자로 사역할 때이다. 그는 출퇴근용 자전거를 중고로 샀었다. 그리고는 그 자전거로 매일 출퇴근을 했었다. 그러면서 그는 자전거 여행에 흥미를 갖게 되었다. 어느 날 남편은 동남아시아로 자전거 여행을 하고 싶다고 했다. "여보~자전거로 동남아시아를 돌아보고 싶은데." '뭐라고? 지금 나이가 몇인데 개척을 하든지 단독목회지를 알아보든지 해야 할 때인 것 같은데 무슨 정신 나간 소리요~' 라고 마음속으로 외쳤지만, 내 입은 다른 말을 하고 있었다.

"어머~ 멋진 생각이에요. 한번 해 보세요. 그렇게 다니다가 어디라도 마음에 드는 곳이 있으면 그곳에서 유학도 해보면 좋겠네요. 내가 돈 벌어서 학비도 보내줄 수도 있어요. 잘 계획해서 다녀와요"라고 말해 버렸다. 내 말의 의미는 정신 차리고 무엇이든지 좀 해 보라는 의미였으나 남편은 눈치를 채지 못했다. 며칠이 지나서야 남편이 말을 걸어왔다. "여보, 이 지도를 봐! 여기 중국을 거쳐서 라오스, 베트남, 캄보디아, 그리고 태국을 거쳐서 한국으로 돌아오는 거야~ 멋지지 않아?" "중국?! 중국도 가요?" 난 내 귀를 의심했다. 다른 나라는 다 제쳐놓고 중국이라는 말에 귀가 번쩍 뜨이면서 관심을 보이자 남편은 슬그머니 함께 가는 것이 어떻겠느냐는 식으로 다가왔다. 혼자 여행을 간다는 것이 부담이었을까? 남편은 내가 중국에 대한 관심이 있다는 것을 알고 있기 때문에 동행을 유도한 것이다. 어찌하거나 나는 너무나 좋았다. '아~ 어쩌면 이 여행을 통해서 남편이 선교의 비전을 가질 수도 있지 않겠어? 한번 해보면 어떨까?' 난 이미 자전거 여행에 동의하고 있었다.

중국 상하이 비행장에서 남편은 자전거를 조립하고 있었다. 우리는 기대하던 자전거 여행을 할 수 있게 된 것이다. 기분 좋게 출발했지만, 음산한 상하이의 날씨, 장대비, 추위, 느끼한 음식, 긴장감 등등으로 인하여 난 감기몸살이 나고 말았다. 아버지의 짐 자전거 실력은 어디로 갔는지 사라져 버렸다. 2주 동안 호텔에서 꼼짝할 수 없었다. 그때만 해도 외국인이 가야만 하는 호텔은 모두 비싼 호텔이었다. 난감한 일이 아닐 수 없었다. 여행비의 반 정도가 비싼 호텔비로 사라지고 있었다. 우리는 지인에게 연락하기로 했다. 다행하게도 그분이 전화를 받았다. 기쁨도 잠시 그분은 중국에 없었다. 남편은 여행경로를 대폭 수정했다.

"일단 그분이 계신 태국으로 가자~!"

태국의 날씨는 너무나 더웠다. 남편은 자전거 여행을 포기하지 않았다. 나는 내키지 않았으나 뜻을 같이하기로 결심했다. "두 사람이 뜻이 같지 않은데 어찌 동행하겠으며"라는 아모스 3장 3절 말씀이 내 마음을 움직였기 때문이었다.

뜨거운 날씨 속에 20킬로그램의 짐을 자전거에 싣고 페달을 열심히 밟고 있었다. 처음에는 아무런 재미없이 자전거의 페달을 밟았다.

그런데 자전거를 탈수록 은근히 재미가 있었고 힘이 생겼다. 그렇게 자전거 여행을 즐기고 있었던 그 여정 속에서 주님은 남편을 태국 선교사로 부르셨다.

놀라운 일이 아닐 수 없었다. 우리는 한 치 앞도 예측할 수 없는 존재임을 다시 상기시켜주는 사건이었다. 미래에 무슨 일이 어떻게 일어날지를 알 수가 없는 것이다. 남편은 그렇게 하고 싶었던 자전거 여행을 통해서 그렇게 되고 싶지 않았던 선교사가 된 것이다. 반면 나는 그렇게 하고 싶지 않았던 자전거 여행을 통해서 그렇게 되고 싶었던 선교사가 된 것이다. 이러하니 난 자전거를 볼 때마다 뿌듯하고 고맙기만 한 것이다.

그 이후로도 나는 내 인생을 잘 디자인하고 내가 열심히 하면 모든 일이 나의 뜻대로 되는 것으로만 생각했다. 때로는 아무리 인생의 페달을 열심히 밟아도 내 뜻대로 되지 않을 때가 있다는 것을 몰랐다. 남편이 공황장애를 겪으면서 나의 그 생각은 바닥을 쳤다. 나에겐 감당하기 힘든 일이었다. 내가 계획하며 목표로 했던 기준점들을 모두 내려놓을 수밖에 없었다.

코로나가 잠잠해져 갈 즈음에 우리는 태국으로 들어왔다. 그러나 나는 남편이 공황장애를 앓고 있다는 사실을 모르고 있었다. 남편은 그 누구에게도 말을 못 하고 혼자서 감당하고 있었다. 결국 팀 사역을 내려놓았다.

남편은 선교지를 철수해야 할 상황이 오더라도 하나님이 부르신 땅에서 한 달만이라도 살고 싶다고 했다. 이사를 했다. 그곳에서 3개월을 지나고 있었던 어느 날 나는 남편의 상황을 참아내기가 너무 버거워졌다. 무작정 밖으로 나갔다. 육교 위로 올라갔다. 사람들이 다니지는 않았다. 육교 아래를 내려다보니 차들이 쌩쌩 달리고 있었다. 어려운 상황 속에서 힘들어하다가 투신자살하는 사람들이 생각이 났다. 난 얼른 고개를 돌렸다. 그리고 주님을 향하여 울며 소리를 지르고 악을 쓰기 시작했다.

"하나님~ 나 보고 어떻게 하라는 거예요!"

"왜? 나인가요? 왜요? 어떻게 하라고요~ 어떻게~~" 다른 고상한 말은 나오지 않았다. 다행히 차 소리가 내 고함 소리를 감싸주고 있었다.

그렇게 한참을 울부짖고 있는데 나의 시선이 자꾸 한 곳에 머무르게 되었다. 육교 옆에는 절간이 있었는데, 그 절간 마당에 육교 높이만큼 세워 놓은 태국의 한 승려 동상이 있었다. 내 마음속으로 한 소리가 지나갔다.

"서 있어라~!!"

저 승려상을 통해 하나님은 나에게 메시지를 주고 계셨다.

"서 있으라고~?"

바람이 불어도 비가 와도 번개가 쳐도 해가 뜨거워도 저 동상은 변함없이 그 자리에 우뚝 서 있는 것이다. 나는 놀라웠다. 하나님은 모든 것을 사용하셔서 당신의 뜻을 전달하실 수 있는 분이시구나. 무슨 뜻으로 하시는 말씀이지? 발악을 하다가 걸으며 묵상하게 되었다. 그리고 나의 마음을 다잡게 되었다.

　내 마음에 이렇게 해석되었다. '너도 그렇게 서 있어. 변함없이 너의 위치를 지켜. 상황이 어떠하든지 흔들리지 마라. 요동하지 마라. 견고해져라. 그리고 나를 보거라.'

　그날 이후 나의 마음에 새로운 체계가 들어왔다. 무엇이든 맞서서 감당하리라는 마음이었다. 내가 실수로 넘어지면 다시 숨을 고르고 일어나면 된다. 마치 아버지 짐 자전거를 배웠을 때 했던 것처럼 말이다. 그리고 나의 인생의 페달을 계속 힘차게 밟아보자. 그러면 미지의 세계는 열리게 되고 나는 그 속으로 당당하게 서서 들어갈 수 있을 것이다. 그렇게 할 때 나는 그곳에서 아름다운 보화들을 가득 싣고 나오게 될 것이다. 그리고 그 보화들은 또 다른 미지의 세계를 의기양양하게 열어갈 수 있는 동력이 될 것이다.

임영미 선교사
태국주재 한인선교사회 북부지회 소속
사역 도시 딱
사역 기간 13년

> 소망

다음 세대, 다민족, 다문화 공동체를 꿈꾸며!

황진호

I. 문을 열며: 나의 DNA는 검정 고무신!

한 사람을 알고 현재를 평가하기 위해서는 그 당사자의 과거 삶의 DNA를 알아야 한다고 생각한다. 본래 나의 고향은 '두평'도 되지 않는 전라남도 '함평(1평)'에서 태어났으며 모태 신앙으로 아주 보수적인 신앙 아래서 자라났다. 안동 김 씨였던 어머님께서 누리던 재산 때문에 일곱 살이었던 형이 친척 손에 죽임을 당하고 그 이후 내가 사생아로 태어나게 되었다. 그리고 어린 시절 가정형편이 어려워지면서 고아원 생활과 손양원 목사님의 제자 차병용 목사님 등 귀한 목사님들의 수양아들이 되어 신앙생활을 하면서 순교의 신앙 등을 가지게 되었다. 그러던 중 중학교 1학년 수련회 때 선교사로 소명을 받고 부족한 종이 빚진 자의 심정으로 선교사의 사명을 감당하고자 신학과 사회복지학 등을 공부하였다. 그리고 2001년 29세 때 주 파송교회도 없이 복음의 불모지 불교의 땅 태국 선교사로 부름을 받은 지 어느덧 23년이 되었다. 그동안 진정으로 깨달은 것이 있다면 무엇을 했다기보다는 본인 스스로

가 철저하게 할 수 없는 연약한 존재라는 것을 깨달았다. 즉 선교는 하나님께서 하시며 모든 것이 하나님의 은혜라는 사실을 다시 한번 깨달아보면서 지난날 하나님께서 역사하신 귀한 일들을 겸손하게 써 내려가 보고자 한다.

II. 이제는 말할 수 있다!

1. 처음 태국 정착기(겸손, 충성을 위한 준비와 고난의 기간: 고난도 하나님의 은혜)

본래는 무슬림 지역이나 북한 사역 등에 사명이 있었지만 파송교회도 없이 만 29세 때 아내와 함께 2살, 4살짜리 아이들 손을 잡고 태국 선교사로 파송을 받았다. 신학과 사회복지를 전공하고 태국의 어린이와 사회복지 사역이라는 슬로건 때문에 친구의 소개로 처음 우리를 파송 협력한다는 '코타이 복지회' 단체가 선교사들 얼굴을 팔아 사기를 쳤던 사기 단체였다. 교민사회, 대사관까지 소문날 정도로 어려움을 당했고 교민들과 대사관 직원들까지도 우리에게 도움을 주었다. 그러한 이유로 경제적으로 너무 어려워 태국에 오자마자 태국어를 배우지 못하였고 2년 반 동안 사기꾼들에게 '사시미칼로 우리 가족을 죽이겠다'는 협박 등 많은 어려움에 시달렸다. 방 한 칸에서 네 식구가 살았고, 냉장고도 없이, 아이들은 학교를 다니지 못하고, 내 아내는 한인교회 선교원 교사로, 나는 부교역자로 비자도 없이 11년이라는 삶을 살았다. 당시 그러한 충격과 어려움으로 나는 44kg까지 몸무게가 빠지고 아내는 일어나지 못할 정도의 어지럼증에 수개월 동안 시달려야 했다. 대부분의 모든 선교사들이 처음 많은 어려운 시기를 겪는다. 그럼에도 불구하고 23년 전 우리 가정의 모습은 가장 어렵고 가난한 선교사 중 한 가정이었던 것 같다. 심지어는 우리 자녀들이 태국 학교에 입학할 때 1만 밧(당시 환화 30만 원) 학비를 지불하지 못해 중국계 태국인 교회에서 우리 아이들 장학금을 해주었다. 사실 한국에서는 교회 사역뿐 아니라 장애인시설 교사 등, 아내는 공무원으로 나름 어려움 없이 생활을 했는데 하나님께서는 선교 초창기 온전히 하나님만 의지하고 기도하라고 많은 고난과 깨달음의 시간을 주셨다고 믿는데, 이 또한 하나님의 은혜였음을 고백한다.

2. 교회 개척기와 현재까지

1) 하나님의 첫 번째 기적과 은혜: 한인장로교회(당시 담임 신홍식 목사님)에서 부교역자 사역, 그리고 교회를 개척하고 싶었지만 재정적으로 너무 어려웠고 그러한 이유 등으로 두 분의 선배 선교사님들 밑에서 어린이 사역자로 사역과 배움의 길을 걸었고 '촌부리' 지역 정신지체 장애인 시설에서 자원봉사 사역을 하였다. 그 후 2005년 5월 방콕 '방나' 지역 조그마한 마을에 집을 임대하여 어린이 사역자로서 어린이 교회 개척을 하였다. 그래서 교회 이름도 어린이를 뜻하는 'Flower

Garden Church'로 지었다. 그리고 내가 고아원과 수양아들로 자랐기 때문에 내가 할 수 있었던 것은 아이들을 수양아들, 딸들을 삼아서 그들에게 예수 그리스도의 사랑과 복음을 전하기 시작했다. 그 아이들이 12년 만에 세례를 받았고 이제는 대학을 졸업하고 현재 우리 센터, 교회, 유치원, 한국어학당, 법인 등 다양한 사역들을 감당하고 있다.

2) 하나님의 두 번째 기적과 은혜: 임대하여 사용하던 어린이 교회가 5년이 되어 새로운 장소로 옮겨야 했다. 그런데 2006년에 하나님께서 현재의 센터 자리 땅을 보게 하셨다. '수완나품' 신공항에서 가깝기도 하였고 부지 옆과 앞에 국립학교, 사립학교가 붙어있어서 어린이 사역과 사회복지 사역을 하는 나에게는 너무나 구입하고 싶었던 땅이었다. 더욱이 그 땅 안에 철재 콘크리트 공장 건물이 있었는데 전기 기술이 있는 나로서 그 공장을 리모델링하면 교회, 유치원, 한국어학당 등으로 사용할 수가 있다고 생각했다. 하지만 700평의 땅이 당시에도 5억이 넘는 엄청난 돈이었고 1천만 원도 없었던 우리에게는 도저히 불가능한 일이었다. 그럼에도 불구하고 하나님께서는 그 땅을 우리에게 주시겠다는 확신을 주셨고 매 주일 예배 후 우리 어린이 성도들을 데리고 3년 반 동안 100번 이상 그 땅을 찾아가 기도를 했다. 그런데 놀라운 일이 생겼다. 은행에 저당 잡혀 있던 그 땅값이 점점 내려가 1억 8천까지 내려가는 것이 아닌가! 그리고 우리는 빚을 져가며 2010년 그 땅을 구입하게 되었는데 바로 그 땅이 현재 우리 '한태 글로벌 문화센터' 부지이다.

3) 하나님의 세 번째 기적과 은혜(위기는 기회): 약 20년 된 공장을 리모델링하여 교회, 유치원, 한국어학당 등의 사역을 7년째 감당했다. 그런데 워낙 오래된 건물, 부지가 도로보다 낮다 보니 우기 철에 홍수로 인하여 매년 어려움이 있었다. 그러던 중 건축이 중요한 것이 아니지만 2017년 그동안 계획했던 '한태 글로벌 문화센터'를 건축하기 시작했다. 사실 센터를 건축하고자 한 이유는 내 사회복지 전공과 어린이 사역의 목적도 있었지만 태국 불교 사찰이 모든 마을에 커뮤니티 센터 역할을 하기 때문에 우리 교회가 그러한 모델이 되기 위함이었다. '시작이 절반이다'라는 말이 있지 않는가? 사실 재정이 충분했다면 1년이면 건축할 수 있는 규모였다. 하지만 사실 빚을 져가면서 부지를 구입했고 이제 그 빚을 거의 갚아가는 시기였기에 시작도 하기 힘든 상황이었다. 방콕 땅은 진흙땅이어서 우리 같은 5층(바닥 평수 120평) 센터 건물을 짓기 위해서는 30미터짜리 콘크리트 파일 61개를 박아야 했고 그것만 해도 수천만 원의 재정이 필요했다. 그런데 하나님께서는 우리에게 위기와 기회를 주셨다. 바로 한국에 조류독감/인플루엔자(AI)로 인해 한국 경제를 어렵게 되었고 계란을 태국으로부터 수입하게 되었다. 그런데 하나님께서는 센터 건축을 위해 그동안 사회복지사/NGO 활동가, BAM 활동가로서 통역 등을 해왔던 것이 인정을 받아 그 수십 만 개의 모든 계란 수출, 통역 부분 등을 부족한 나에게 하게 하셨다. 정말 나로서는 재정적인 문제로 1년 이상 소요되어야 했던 61개의 파일 박는 일을 1개월 만에 마무리 지을 수 있도록 하나님께서 역사를 하셨다.

4) 하나님의 네 번째 기적과 은혜: 사실 나는 학교, 집, 교회만 알고 자랐고 가정형편상 인문계 고등학교 진학을 하지 못하고 공업고등학교에서 전기, 전자를 공부하였다. 아울러 나 역시도 '비즈니스'의 '비' 자도 몰랐던 교회 중심적인 전통적 선교사였다. 그런데 성경이나 한국교회 역사를 살펴보면 100여 년 전부터 최근까지 한국 땅에 공정무역, 사회적 기업 등을 서구 유럽 개신교 선교사들과 천주교 선교사들이 가져와서 정착시켰다는 것을 우리 모두는 알 것이다. 그런가 하면 우리 선교사들 모두가 알고 있듯이 100여 년 전 서구유럽 선교사들이 복음을 전하기 우리나라에 오셔서 특별히 가장 복음 전하기 척박한 경상도 지역(불교, 산악지역 등)에서는 복음을 전하면서 대구 사과는 물론이고 양돈, 호두, 포도, 병원, 학교 등 다양한 자립선교 방법과 영향력 있는 인재 양성에 집중했다는 사실이다. 아직도 후진국이나 개발도상국들은 이러한 부분이 현저히 낙후되어 있고 소수의 1%-2% 상류층들이 부(富)를 축적하고 있다. 물론 태국 등 동남아시아는 더 심하다. 그런 의미에서 부족한 자에게 하나님께서 신학, 사회복지, 경영, 국제무역물류, 건축(전기), 국제개발협력(NGO), 농업기술대학(아카데미) 공부와 훈련 등을 통해서 미력하나 이 일들을 선교지에서 조금이나마 하시게 하심을 감사드린다. 이러한 사역을 우리는 전문인선교, 자립선교, 일터선교, BAM선교 등이라고 한다. 다른 말로하면 총체적 선교사역이라고 할 수 있다. 사실 1년이면 건축할 수 있었던 우리 '한태 글로벌 문화센터'가 지난 8년 동안 지어지고 있다. 그런데 하나님께서는 약 70% 재정을 열

대 과일(망고, 망고스틴, 두리안) 프로젝트를 통해서 건축하게 하셨다. 이 또한 목회자 선교사인 나로서는 도저히 할 수 있는 일이 아니었지만 하나님께서 하나님의 사명을 감당케 하기 위해서 태국의 과일 BAM 프로젝트를 통해서 하셨으며 이 또한 하나님의 엄청남 기적이고 은혜임을 고백한다. 특별히 그동안 그리고 코로나 기간에는 이러한 총체적 선교를 통해서 자체 국내/해외 단기선교, 매년 3,000명 돕기 행사, 미얀마이주난민지역 센터 건축, 펫차분 지역 교회 건축(한국 농어촌교회와 협력), 기숙사(학사관) 사역, 한국어학당 운영, 제자들 한국의 대학 진학, EPS-TPIK 시험 후 한국 취업 등 하나님께서 주신 꿈대로 우리를 파송하고 기도한 한국까지 돕는 다양한 사명을 감당케 하신 것을 감사한다.

5) 하나님의 다섯 번째 기적과 은혜: 모든 것이 하나님의 은혜이다. 그리고 이 은혜는 성공도 하나님의 은혜이며 실패와 고난도 하나님의 은혜임을 분명히 믿는다. 마지막으로 자식 자랑은 푼수라고 한다. 하지만 이것은 자식 자랑이 아니라 내가 태국 선교사로 파송 받아 태국의 아이들을 섬겼다는 것이 하나님의 은혜이다. 사실 내가 망고 등 자립선교를 통해 우리 수양딸, 아들, 제자들 10명 학비와 장학금을 모두 준다고 해도 500만 원 정도밖에 안 된다. 그리고 실제 선교사인 나로서 우리 자녀들 예찬, 예슬이를 미국에 유학을 보낸다는 것은 불가능한 일이다. 그런데 예찬이의 경우 현재 미국 과학 분야의 최고인 퍼듀(PURDUE)

대학에서 박사 과정 공부를 하고 있다. 부모로서는 단 1원도 도와주지 못하고 오히려 자기들의 용돈을 아껴 우리에게 헌금을 한다. 그런데 모든 학비와 생활비 5만 불 이상(한화 약 7억)의 장학금으로(글로벌 제약회사 릴리 재단을 통해서) 공부를 하고 있다. 이 또한 하나님께서 우리 가정과 자녀들에게 축복하신 엄청난 축복과 은혜라고밖에 할 수 없다. 그리고 이것은 연약한 우리가 태국인들을 복음과 사랑으로 섬김으로써 하나님께서 주신 기회라고 믿고 하나님과 태국인들과 모든 동역자들에게 진심으로 감사를 드린다.

III. 문을 닫으며: 은혜, 겸손, 충성

첫째도, 둘째도, 셋째도, 그리고 마지막까지 모든 것이 하나님의 은혜임을 고백한다. 그리고 그 은혜를 아는 자만이 진정한 겸손이라는 것을 알 수 있다. 그런 자만이 끝까지 충성하리라 믿는다. 앞으로 우리에게 어떠한 실패와 고난이 찾아온다 할지라도 우리는 위의 세 단어를 잊지 말기기를 다시 한번 다짐해본다.

부족한 우리의 헌신과 희생의 씨 뿌림이 우리 시대는 아니라 할지라도 훗날 태국 선교와 우리 다음 세대들에게 큰 열매로 나타나기를 간절히 기도하면서 끝으로 우리의 가훈/유언을 남기면서 부족한 글을 마치려고 한다.

"모든 것을 얻는다 할지라도 예수 그리스도를 잃어버리면 모든 것을 잃는 것과 같고 모든 것을 잃는다 할지라도 예수 그리스도를 잃지 않으면 모든 것을 얻는 것과 같다."

황진호 선교사
태국주재 한인선교사회 중부지회 소속
사역 도시 방콕
사역 기간 22년 11개월

> 소망

약할 때 강함 되시는

서혜미

한인 학교 교사로 일하던 10년 전, 어느 해 방학 중 다급한 일이 생겼다. 방콕을 여행 중인 한국인 청년이 중국인으로 추정되는 사람들의 공격을 받아 뇌를 크게 다쳐 태국에서 수술하게 되었다. 소식을 전해 들은 청년의 어머니와 누나는 병원 옆에 숙소를 정하고 간병하였다. 파송된 교회를 통해 소실을 접하고 찾아갔다. 청년은 죽음의 고비를 가까스로 넘기고 의식불명 상태로 누워 있었다. 70% 이상의 치사율을 갖고 있는 뇌출혈이었다. 처음 이 소식을 들었을 때, 한국에서 홀로 있는 아들과 청년의 처지가 오버랩되면서 동정의 마음이 일었다. 그렇게 시작된 병원 심방 기간 중 단련 받은 마음을 가까이 들여다보고자 한다.

사건이 발생한 직후 방문했을 때, 비록 중환자실에 있다 하더라도 곧 회복될 수 있으리라는 마음이 들었다. 그리하여 계획했던 일을 하고 일주일이 지나고 다시 병원에 방문했다. 그러나 청년의 누나에게 전화를 하거나 메시지를 넣어도 응답이 없고 왠지 나를 피하고 있다는 생각이 들었다. 그 생각이 내 마음에 올무가 되었다. 그렇게 거리껴진 마음은 근 10여 일을 내 심령을 붙잡은 질기고 힘든 시험이었다. 그것은 내 오래된 쓴 뿌리와 관련되어 견고한 사탄의 진이 되어버린 거절감에 대한 상처와 관련이 있었다. 그렇게 움츠러든 마음을 이기고 병원에 가기까지는 상당한 대가를 지불해야 했다. 두려움이 아우성치는 소리를 정면으로 듣고 그것을 무시한다는 것은 피가 마르는 고통이었다. '사람들은 너를 환영하지 않으며 너의 방문을 귀찮은 일로 생각하고 있다. 넌 눈치가 없어 기도하고 말씀을 전하고 찬송하지만 그들은 억지로 참아가며 네가 빨리 사라져 주었으면 하는 마음으로 가득 차 있다.' 음부 깊은 데서 울리는 지옥의 소리가 영혼을 사로잡아 꼼짝도 할 수 없는 포로로 만들었다. 그러나 그 소리를 뒤로하고 여전히 병원으로 갔다.

그때 내가 쓴 일기에 한 구석에 적혀있는 글귀가 내가 집중해야 할 것이 무엇인지 똑똑히 보여주었다. '중보기도자는 일반 기도하는 사람들과 다르다. 다른 사람들이 이만하면 되었어 하고 물러서거나 이것은 내 일이 아니야 하고 단념할 때도 중보기도자는 응답받을 때까지 자유할 수 없는 자이다.' 내 일은 자명해졌다. 이 사건이 처음부터 나와 관련이 있다고 여겨진 것은 직감이었다. 난 여기서 승리하지 못하면 한 발자국도 앞으로 나아갈 수 없다는 절박한 심정이 되었다. '청년을 말씀으로 먹이고 그리고 기도로 살려내는 일' 그것이 내가 집중하여 온 힘을 쏟을 일이었다.

그러고 나면 학생과 함께하는 성경 나눔 모임과 교사 기도모임의 비전이 보일 것이다. 그리고 2학기 사역의 토대 위에 내년 태국 영혼을 불러 주님께 인도하는 일에 대해 비전이 보일 것이다. 이 한 가지 생각에 온 맘을 기울이고 병원으로 갔다. 예상대로 가족들은 거리껴하며 나를 맞이했다. 청년은 중환자실에서 일반병실로 옮긴 상황이었다. 그것도 중환자실에 가서야 알았다. 병실로 찾아가며 마음이 오그라드는 것 같은 상황을 안간힘을 쓰며 이겨내었다. 준비한 예배를 드리고 대화를 나누었다. 청년은 앉을 수 있었고, 부축하면 설 수 있는 재활 훈련을 하고 있었다. 나에게는 쑥스러운지 알은체를 하지 않았다. 그러나 병원 심방을 마치고 돌아올 때는 이루 말할 수 없는 평안이 심령에 밀려왔다. 그런데 그날 밤 청년이 다시 쓰러졌다. 밤에 청년의 누나로부터 메시지가 왔다. 이차 출혈이 있어 재수술을 해야 한다는… 눈앞이 깜깜해지는 소식에 새벽기도를 작정했다. 교회까지 마땅한 교통편이 없어 택시로 갔다가 걸어오는 방법을 선택했다.

이번 상황은 좋지 못했다. 청년은 무척 초췌하고 기운이 없었다. 눈을 뜨지도 못했고 어떤 반응도 못 하는 듯 보였다. 난 매일 심방 예배를 드리기로 마음먹었다. 사실 이 사건이 터지면서 나는 줄곧 청년뿐만 아니라 청년의 가족을 주님이 부르시고 있다는 것을 감지했다. 그분들이 주님의 일꾼으로 세워지는 과정이라는 생각이 들었다. 그래서 그들과 함께 말씀을 묵상하고 기도하며 주 앞으로 나가는 것을 꿈꾸었다. 그러나 아들의 조언은 집중하라는 것이다. 그들을 세우는 것은 목사님의 역할이며 엄마는 중보기도 하는 자리를 지키라는 것이었다. 아들의 충고를 따라 매일 쭐라롱건 중환자실로 가 형제의 상태를 살피었다. 그러면 나도 모르게 내 입에서 간절한 기도가 흘러나왔다. 쭐라롱건 병원의 중환자실은 넓었고 8명 정도의 중환자가 있었다. 간호사는 15명 정도 되었다. 분위기는 엄숙했다. 그러나 내 입에서 찬송이 흘러 나왔다. '나의 안에 거하라. 나는 네 하나님이니, 모든 환란 가운데 너를 지키는 자라' 찬송을 하는 동안 다른 사람들은 가만히 듣고 있었다. 찬송을 부르고 나서 내 마음은 기쁨으로 차올랐다. 그 후에 날마다 예배를 드리러 갔다. 청년에게 줄 메시지와 함께… 나는 그가 듣고 있다고 믿었다.

"형제님, 오늘은 8월 15일이에요. 오늘은 목요일입니다. 밖에는 비가 조금 내리고 많이 더워요."

이어서 준비한 말씀을 읽어 주었다. 사고 처음부터 주신 말씀, 이사야서 43장 1-2절 말씀을 선포하고 찬양으로 마무리했다.

내 속에는 '이런 것들이 의미가 있는가?' 하는 의구심은 없었다. 왜냐하면 난 사람이 아닌 하나님께 예배를 드렸기 때문이다. 나에게는 절실한 마음으로 드리는 예배를 반드시 받으신다는 확신이 있었다. 내게 남은 시험들은 여전히 사람들이었다. 그들의 반응이 어떠하든지 초연하며 하나님만 바라보는 훈련은 치열했다. 그래도 하나님은 가끔씩 나에게 용기를 주시기도 했다. 매일매일 병원을 들르니 중환자실에 있던 간호사들이 나를 다 알게 되어 어느 날 나에게 손을 흔들어 주고 함박 웃음을 웃어주었다. 가뭄을 해갈하는 귀한 빗물 같았다.

그러던 어느 날이었다. 그날은 유독 병원으로 옮기는 발걸음이 무거웠다. 무엇인가 강하게 나를 묶는 것을 느꼈다. 난 심령으로는 동동 묶인 채로 그러나 의지를 다해 말씀을 준비하고 음식을 준비하여 병원으로 향했다. 그러면서 마음속으로 다짐하고 있었다. '어떤 일이 있어도 당황하지 말자. 병원에서 찬송을 부르지 못하게 하거나 식구들이 나를 거절해도 마음을 담대히 먹자.' 중환자실을 열고 들어가는데 간호사 한 명이 태국어로 무엇이라 말한다. 병실을 옮겼다는 것이다. 난 잠시 숨을 내쉬었다. 그리고 그 간호사가 대충 가르쳐 주는 병실을 찾아갔다. 일반병실이었다. 문을 열고 들어가니 누나와 그의 어머님이 있었다. 나의 출현에 놀라는 기색이 역력했다. 이제껏 청년과 혼자 드리던 예배를 청년의 가족과 함께 했다. 익숙하지 않은 듯 마지못해 따라오는 것 같은 상황이었지만 예배를 드리는 시간만큼은 담대할 수 있었다. 청년은 상태가 좋지 못했다. 손은 통통 붓고 열이 뜨겁게 나 아이스 팩으로 열을 내리는 것을 지속해야 했다. 가족들은 병원에 대한 불신과 어떻게 될지 모르는 상황에서 지쳐가고 있었다. 그 와중에 하나님께서는 나와 청년 둘이 드리던 예배를 청년의 가족과 함께 할 수 있도록 이끄셨다.

크고 작은 산을 넘으며 소심한 마음을 극복해 가는 무렵 내 안에 또 다른 갈등이 일고 있었다. 그것은 구제에 대한 것이었다. 십의 일을 구제헌금으로 떼어 놓고 형편이 어려운 학교 학생에게 주려고 했었는데 학생이 자퇴를 하면서 그 돈이 남게 되었다. 이제 곧 새 학기가 시작되기에 어디에 구제해야 하는지 결정해야 할 시점이 되었다. 청년의 치료비에 드리는 것을 생각해 보았다. '그 많은 치료비에 얼마나 도움이 될 수 있을까?'라는 회의적인 생각과 그분들이 구제의 대상이 될 만큼 어려운 입장인가에 대한 분별이 되질 않았다. 더군다나 이 일로 한국에서 건강검진 하고자 비행기 표를 예약했는데 취소를 하는 바람에 손실이 생긴 상태였다. 이를 분별하기 위해 기도에 집중하였다. 새벽에 선포된 말씀은 사무엘상 다윗과 압살롬에 대한 것이었다. 압살롬이 이스라엘 백성들을 다윗과의 사이에서 이간질 하여 민심을 훔친 기록을 읽으며 하나님과 더 긴밀히 동행해야 한다는 생각에 애초에 먹은 마음을 실행하기로 마음먹었다.

　그러나 그 때와 방법을 다시 분간해야 했다. 내가 초대한금요 기도회에 나오면 드려야겠다고 생각했다. 그러다가 그런 식의 드림은 구제의 참모습 같지 않게 느껴져 한국으로 가시기 전날 봉투에 담아 드렸다. 어머님은 너무 놀라며 미안해하시고 또 무척 고마워하셨다. 내가 드릴 때, 마지막 남아 있던 마음은 인내를 다하여야 하는 길 위에 있는 분들에게 조금이나마 용기를 주자는 것이었다. 그리고 그 결정을 하고 난 후 마음이 홀가분해졌다. 청년의 어머님은 한국으로 돌아가신 후, 청년이 재활하는 사진, 함께 가족 여행 간 사진, 그리고 내가 선물한 성경책을 들고 함께 교회 가는 사진을 찍어 보내 주었다.

　　한 청년의 사고를 통하여 나의 가장 연약한 부분이 드러났고, 그로 인해 하나님께 전심으로 나아가게 된 금번의 일을 승리의 흔적으로 간직하고자 한다. 사역자로 꼭 넘어야 할 거절감의 상처 회복이 치유될 수 있도록 함께하신 하나님께 영광을 돌린다.

서혜미 선교사
태국주재 한인선교사회 중부지회 소속
사역 도시 방콕
사역 기간 6년 4개월

제37회기 태국주재 한인선교사회 임원 구성

회　장: 김농원 선교사
수석부회장: 하철환 선교사
부회장: 고은성 선교사(중부)
　　　　최승훈 선교사(북부)
　　　　최유미 선교사(동북부)
　　　　김경수 선교사(남부)
　　　　서양숙 선교사(여성위원회)
총　무: 황진호 선교사
부총무: 김도형 선교사
서　기: 김영호 선교사
부서기: 김익만 선교사
회　계: 양지용 선교사
부회계: 이용성 선교사